Silvan Kurras

Arbeitet Ihr Unternehmen noch, oder lebt es schon?

AF571696

Silvan Kurras

Arbeitet Ihr Unternehmen noch, oder lebt es schon?

Ob Handwerk oder Industrie, Kaizen-Reengineering gibt Ihrem Unternehmen den richtigen Impuls.

Trainerverlag

Impressum/Imprint (nur für Deutschland/only for Germany)
Bibliografische Information der Deutschen Nationalbibliothek: Die Deutsche Nationalbibliothek verzeichnet diese Publikation in der Deutschen Nationalbibliografie; detaillierte bibliografische Daten sind im Internet über http://dnb.d-nb.de abrufbar.
Alle in diesem Buch genannten Marken und Produktnamen unterliegen warenzeichen-, marken- oder patentrechtlichem Schutz bzw. sind Warenzeichen oder eingetragene Warenzeichen der jeweiligen Inhaber. Die Wiedergabe von Marken, Produktnamen, Gebrauchsnamen, Handelsnamen, Warenbezeichnungen u.s.w. in diesem Werk berechtigt auch ohne besondere Kennzeichnung nicht zu der Annahme, dass solche Namen im Sinne der Warenzeichen- und Markenschutzgesetzgebung als frei zu betrachten wären und daher von jedermann benutzt werden dürften.

Coverbild: www.ingimage.com

Verlag: Der Trainerverlag ist ein Imprint der
Südwestdeutscher Verlag für Hochschulschriften GmbH & Co. KG
Dudweiler Landstr. 99, 66123 Saarbrücken, Deutschland
Telefon +49 681 37 20 271-1, Telefax +49 681 37 20 271-0
Email: info@verlag-trainer.de

Herstellung in Deutschland:
Schaltungsdienst Lange o.H.G., Berlin
Books on Demand GmbH, Norderstedt
Reha GmbH, Saarbrücken
Amazon Distribution GmbH, Leipzig
ISBN: 978-3-8417-5004-4

Imprint (only for USA, GB)
Bibliographic information published by the Deutsche Nationalbibliothek: The Deutsche Nationalbibliothek lists this publication in the Deutsche Nationalbibliografie; detailed bibliographic data are available in the Internet at http://dnb.d-nb.de.
Any brand names and product names mentioned in this book are subject to trademark, brand or patent protection and are trademarks or registered trademarks of their respective holders. The use of brand names, product names, common names, trade names, product descriptions etc. even without a particular marking in this works is in no way to be construed to mean that such names may be regarded as unrestricted in respect of trademark and brand protection legislation and could thus be used by anyone.

Cover image: www.ingimage.com

Publisher: Trainerverlag
is an imprint of the publishing house
Südwestdeutscher Verlag für Hochschulschriften GmbH & Co. KG
Dudweiler Landstr. 99, 66123 Saarbrücken, Deutschland
Phone +49 681 37 20 271-1, Fax +49 681 37 20 271-0
Email: info@verlag-trainer.de

Printed in the U.S.A.
Printed in the U.K. by (see last page)
ISBN: 978-3-8417-5004-4

Copyright © 2011 by the author and Südwestdeutscher Verlag für Hochschulschriften GmbH & Co. KG and licensors
All rights reserved. Saarbrücken 2011

Inhaltsverzeichnis

Abbildungsverzeichnis

Abkürzungsverzeichnis

AG	Aktiengesellschaft
bzgl.	bezüglich
CEO	Chief Executive Officer
d.h.	das heißt
etc.	et cetera
Ibid.	In the same place
JIT	Just-in-Time
KVP	Kontinuierlicher Verbesserungsprozess
n.d.a.	no date available
n.p.a.	no page available
PDCA	Planen, Tun, Checken, Aktion
QZ	Qualitätszirkel
ROI	Return on Investment
Toyota	Toyota Motor Corporation
TPM	Total Productive Maintenance
TPS	Total Production System
TQC	Total Quality Control
TQM	Total Quality Management
usw.	und so weiter
u.A.	unter Anderem
z.B.	zum Beispiel
z.T.	zum Teil

1 Einblick, Ausblick – Vision

„If you dont think about the future you cannot have one"
John Galsworthy

Die letzten Jahre sind durch eine immer schneller voranschreitende Globalisierung und durch dramatische Strukturbrüche in der Unternehmensumwelt gekennzeichnet. Firmen finden sich nun im noch stärkeren direkten und weltweiten Wettbewerb wieder. Sowohl die Globalisierung als auch die politischen Veränderungen, wie zum Beispiel der Zusammenbruch der Sowjetunion oder das Aufkommen von Wirtschaftsblöcken, haben einen erheblichen Anpassungsdruck auf die Unternehmen ausgelöst. Heute zählt die Kundennähe, ein starker Markt kurze Lieferzyklen und beste Qualität bei niedrigen Preisen zu den zentralen Messgrößen einer erfolgreichen Unternehmung. Massenproduktion weicht der kundenorientierten Einzelfertigung. Qualität wird dabei zum unternehmensweiten Paradigma, ohne die eine langfristige Überlebensfähigkeit ausgeschlossen werden kann. Die vorliegende Arbeit beschreibt und analysiert zwei Konzepte, die eine Anpassung an die heutigen Verhältnisse ermöglichen, bzw. erleichtern sollen.

Getreu nach dem Motto einer amerikanischen Unternehmensphilosophie: Be fast or food[1] stellt sich gleichbedeutend immer wieder die Frage nach der Qualität oder dem Qualitätsmanagement. Fehler erst im nach hinein zu entdecken bedeutet heute nicht selten gleich den Verlust des Kunden, zusätzlicher Zeitaufwand, Motivationsverlust der eigenen Mitarbeiter und vor allem zusätzliche Kosten im Rahmen der Nacharbeit des fehlerhaften Produktes für das Unternehmen. Ein heutiges modernes Management versucht diesen Missstand durch präventive Maßnahmen zu vermindern. Es fügt bereits dem Prozess Qualität hinzu. Dies ist unter Anderem die gemeinsame Basis von Kaizen wie auch Business Reengineering. Beide moderne Management – Methoden schaffen Qualität im umfassenden Sinne. Nicht nur das Endprodukt ist qualitativ hochwertig, sondern der gesamte Produktionsprozess. Auch die indirekten Bereiche wie zum Beispiel die Personalabteilung, Logistik und der Vertrieb profitieren durch einen höheren qualitativen Output durch die Anwendung dieser Methoden. Sinngemäß und leicht nachvollziehbar erhöht sich die Rentabilität des Unternehmens nachweislich.

Trotz der teils signifikanten Unterschiede was die Orientierung, den Hintergrund oder den Ursprung angehen, spiegeln sich in beiden Systemen viele Ähnlichkeiten wieder, welche die

[1] Füser (2007), S. 6

Grundlagen bilden für die Untersuchung ihrer Kompatibilität. So findet sich in der vorliegenden Arbeit sowohl eine theoretische Analyse, als auch empirische Interviews mit Experten im Bereich Kaizen und Business Reengineering, die beweisen sollen, das sich diese Methoden auf unterschiedlichste Art unterstützen und ergänzen können.

Die Arbeit vermittelt außerdem eine praktische Richtlinie zur Umsetzung beider Methoden im Unternehmen. Sie bildet damit ein unterstützendes Mittel für Führungskräfte die ihr Unternehmen einer zukunftsträchtigen, anwendbaren Qualitätsinitiative unterziehen wollen.

„*Der Mensch hat dreierlei Wege klug zu handeln: erstens durch Nachdenken, das ist der edelste; zweitens durch Nachahmen, das ist der leichteste; und drittens durch Erfahrung, das ist der bitterste.*“

Konfuzius, chinesischer Philosoph 551-479 v. Chr.

1.1 Die Einleitung

„Immer habe ich nach dem Grundsatz gehandelt,
lieber Geld verlieren als Vertrauen.
Der Glaube an den Wert meiner Ware und an mein Wort
standen mir stets höher als ein vorübergehender Gewinn."
Robert Bosch

Als Mitte der 90er Jahre die allgemeine Massenproduktion von Waren mehr und mehr seinem Ende zuging und die einzelnen verkaufsfähigen Produkte auf einen bestimmten Verkaufszeitpunkt hin von hochqualifiziertem und spezialisiertem Personal konstruiert und umgesetzt wurden, ist dies heute, in einer Welt die von Schnelligkeit und flexiblem Handeln und Denken geprägt ist kaum mehr vorstellbar. In der heutigen Zeit ist die Kunst dem Kunde ein Produkt in die Hände zu legen, welches höchsten Qualitäts-ansprüchen genügt, das nach den Wünschen des Kunden individuell erstellt wurde und das zu einem vernünftigen Preis und möglichst kurzen Lieferzeiten am Bestimmungsort angelangt ist, oberstes Ziel. In früheren Zeiten war dies eine fast verzweifelt machende Kombination aus Anforderungen an den Hersteller von Produkten. Insbesondere vor den beiden Weltkriegen führte solch ein Versuch zu hohen Produktpreisen. Der kunden-orientierten Fertigungsweise liefen langfristig die Kunden weg und der Untergang war damit vorhersehbar. Was zu diesem geschichtlichen Zeitpunkt in den Vordergrund trat, war das Bedürfnis der Menschen nach Waren zu günstigeren erschwinglichen Preisen, also Waren die für jeden bezahlbar sind. Daraufhin bahnte sich die Massenproduktion ihren Weg, Automobile die früher unendlich teuer waren wurden plötzlich finanzierbar, außerdem wurde das Auto deutlich sicherer und genügte zum damaligen Zeitpunkt überdurchschnittlichen Anforderungen. Der „einfache" Kunde wurde verwöhnt durch Güter die eigentlich nur den gebildeteren und einkommensstärkeren Schichten zur Verfügung standen. Gleichzeitig wurde den Arbeitern ein höheres Gehalt gezahlt, was die Kaufkraft zusätzlich stärkte. Henry Ford, der Vorreiter in der Automobilmassenproduktion schaffte es diesen Markt mit seinen günstigen und dennoch funktionierenden Wagen zu beliefern und versorgte die wachsende Anzahl von immer zahlungskräftigerem Klientel mit konkurrenzlos billigen Autos. Ein Genie wie Henry Ford schaffte damit ein Imperium im Bereich des Automobilbaus das seines gleichen suchte. Er setzte den zu spürenden Zeitgeist in die Realität um. Was er jedoch nicht schaffte war allen seinen Interessenten und Käufern einen Wagen zu verkaufen, der immer die gleichen Anforderungen erfüllen konnte, Anforderungen wie die Farbe des Lackes oder die Passform der Sitze. So konnte er zwar den Markt und seine Bedürfnisse befriedigen, der niedrige Preis führte im gleichen Ausmaß aber zu einem niedrigeren Qualitätsniveau seiner Produkte.[2]

Ende des 20. Jahrhunderts gab es weitere Neuorientierungen was die Nachfrage der Menschen im Bezug auf Produkte und das allgemeine Einkaufsverhalten anging. Die Menschen waren nicht mehr willig Produkte mit unzureichender Qualität zu kaufen, Produkte die schon nach kurzer Zeit ernste Mängel zeigten und für den weiteren Verbrauch erst einer gründlichen Überarbeitung bedurften, sie wollten mehr für ihr Geld. So wuchs mit dem gehobenen Lebensstandard auch das kritische Denken gegenüber Produkten. Kunden wollen heutzutage mehr denn je Alltagswaren, gleichzeitig erwarten sie aber deutlich längere Lebenszyklen und eine höhere Qualität.[3]

Heute betrachtet der Kunde kein Produkt mehr ohne auf den Preis zu achten. Jedes Produkt ob Billigware oder Exquisitartikel bedarf eines gehobenen Qualitätsniveaus. Aus diesem Grund ist Qualität respektive sind Qualitätsmanagementmethoden (an sich) ein wesentlicher Teil heutiger moderner Geschäftsstrategien. Unternehmen, die minderwertige Produkte zu einem höchst zweifelhaften, niedrigen Preis anbieten, werden den Kampf um den Kunden nicht gewinnen können. Auch heutige, durchschnittlich längere, Garantiezeiten als früher, werden den Kunde nicht dazu bewegen, ein wiederholtes Mal von einem dieser Hersteller, Waren zu beziehen. Für Unternehmen die wiederum für minderwertige Produkte die Garantieleistungen erbringen müssen, endet dies meistens nur in höheren Gesamtkosten und macht ihr vielleicht bis dahin gültiges Kredo billige Ware zu niedrigerer Qualität vertreiben, zu einem wirklich kostspieligen „Vergnügen“.[4]

Beim heutigen harten Kampf um den Kunden haben die Unternehmen keine Zeit mehr, ihre Ressourcen für diese Art von Arbeit zur Verfügung zu stellen und keine Zeit mehr, um Korrekturen und Defekte zu beheben oder dafür zu sorgen, dass ihr Image trotz stetiger Qualitätsprobleme durch teure Maßnahmen zum Beispiel im Bereich Marketing oder Corporate Identity aufpoliert wird. Eine beträchtliche Anzahl von Unternehmen haben Qualität und die zu ihr führenden Methoden neu entdeckt, des Weiteren entwickelten sie mehr und mehr das Verständnis, Qualität von Beginn an in ihre Tätigkeiten einfließen zu lassen. Eine bedeutende Anzahl von Unternehmen wendet heute moderne Management-Methoden

[2] Womack (1990), S. 12-13
[3] Ibid.
[4] Harry (2002), S. 50-51

an, um einzigartige Qualitätsprodukte herzustellen, die zufriedene Kunden schaffen. Dabei stehen dem Unternehmen durchaus erst einmal höhere Ausgaben durch entsprechende Qualitätsoffensiven gegenüber, aber aus Qualitätsprodukten resultieren langfristig mehr Kostenersparnisse und damit für die Wirtschaft als Ganzes höhere Rentabilität.[5]

Viele Unternehmen haben in den letzten Jahren versucht, das für sie passende Management-System zu finden, um Produktionsvorgänge bzw. das gesamte operative Geschäft und die Ressourcen optimal einsetzen zu können. Oft sind sie dabei der Vorreiterrolle weltbekannter Unternehmen gefolgt wie zum Beispiel der Toyota Motor Corporation (Toyota) oder - weniger bekannt - der amerikanischen Unternehmung Taco Bell. Beides sind führende Unternehmen in ihrem Geschäftsfeld. Beide leiten das gesamte Unternehmen mit einer der betrachteten Methoden dieser Arbeit, also Kaizen oder Business Reengineering. Diese beiden Management-Methoden bringen unternehmensweit Qualität in die Produktion, aber vor allem Qualität in die gesamten Prozesse. Kundenloyalität und eine verbesserte interne Produktivität ist bei erfolgreicher Implementierung das Ergebnis.[6] Kaizen und Business Reengineering versorgen das Unternehmen mit Methoden, die es ermöglichen, die Anzahl der fehlerhaften Vorgänge, die zum Beispiel bei einem Produktionsprozess anfallen, zu vermindern bzw. zu eliminieren. Entweder gelingt dies durch eine vorausschauende oder simultane Prozessbeherrschung oder aber durch Analysemöglichkeiten, welche die aktuelle Unternehmenssituation zur Grundlage aller Verbesserung heranziehen.[7]
Moderne Qualitäts-Management-Methoden führen bei richtiger Anwendung zu enormen Wettbewerbsvorteilen.

In dieser Arbeit vermittelt der Autor einen Überblick über die genannten Management-Systeme, dem Kaizen und dem Business Engineering und versucht mögliche Herausforderungen bei der Implementierung für Unternehmen zu identifizieren. Die Relevanz von Management-Methoden wird untersucht werden und erfolgreich umgesetzte Beispiele sollen aufzeigen, dass trotz einiger nicht erfolgreicher Versuche, es Unternehmen geschafft haben ein viel versprechendes Management-System positiv in die Unternehmenskultur aufzunehmen. So soll diese Arbeit außerdem einen Beitrag zur erfolgreichen Einführung leisten, indem es – basierend auf Forschungsergebnissen – demjenigen Unterstützung anbietet, der seinem Unternehmen eine neue Richtung geben möchte.

[5] Ibid., S. 45-47
[6] Sebestyen (1994), S. 18; Harry (2002), S. 15
[7] Imai (1992) S. 76; Reiher (2006), n.p.a.

1.2 Der Grund der Untersuchung

Ist Qualität der einzige und ausschließliche Erfolgsfaktor für ein Unternehmen? Was ist Qualität? Kann Qualität in der heutigen Zeit noch von den Unternehmen selber bestimmt werden oder ist Qualität nicht eine einzig vom Kunden vorgegebene Messlatte? Die Gegenleistung für Qualität ist die Anzahl der monetären Einheiten, die seine Besitzer nach einer Übergabe von Ware oder Dienstleistungen bereit ist, dafür zu zahlen. Trifft ein Produkt oder eine Dienstleistung die Erwartungen eines Kunden nicht, so wird es niemals seinen, vom Unternehmen prognostizierten Preis aufrechterhalten können, vielmehr werden sich mangelnde Nachfrage und damit finanzielle Einbußen bemerkbar machen.

Unternehmen die sich über die Wichtigkeit von Produktqualität bewusst sind, werden den Wert eines prozessorientierten Unternehmens schnell erkennen, was wiederum die treibende Kraft für die Einführung eines Systems wie Kaizen oder Business Reengineering ist. Diese beiden Methoden versprechen eine höhere Kundenloyalität, Profitabilität und höhere Produktionseffizienz. Aus diesem Grund sind heute besonders viele Unternehmen geradezu erpicht darauf, diese Strategien im eigenen Unternehmen aufleben zu lassen.

Trotz der Wichtigkeit und des potentiellen Wettbewerbsvorteils solcher modernen Management-Methoden, können Unternehmen vor enormen Herausforderungen stehen, wenn sie versuchen diese Systeme einzuführen. Ein Grund, warum sich diese Ausarbeitung einer Schritt-für-Schritt Anleitung widmet, um eine erfolgreiche Implementierung zu unterstützen. Das Ziel ist, den Leser mit den grundlegenden Eigenschaften beider Management-Systeme, inklusive Anwendungsbeispiele aus der Praxis, vertraut zu machen. Außerdem soll es Unternehmer unterstützen, die nach der passenden Strategie für die Firma suchen.

1.3 Die Forschungsfrage

Diverse Management-Systeme sind oder wurden bereits in Unternehmen oder Organisationen angewandt, um eine höhere Prozesseffizienz und Qualität zu erreichen. Wenn man nun anfängt, die unterschiedlichen Systeme miteinander zu vergleichen, stellt man fest, dass Business Reengineering und Kaizen auf den ersten Blick sehr unterschiedlich erscheinen, was oft zu dem Argument führt, dass beide Systeme nicht kompatibel seien, da sie zwei völlig unterschiedliche Philosophien und Konzepte ausmachen. Diese Feststellung führte bei genauerer Betrachtung und einer tiefergehenden Analyse zu der Frage, inwieweit diese

Aussagen zutreffen, wo sich Gemeinsamkeiten finden und wieweit sich beide Methoden miteinander vereinen lassen. Dieser Ansatz führte zu folgender Forschungsfrage:

Das Potential und mögliche Ergebnisse zweier Management-Methoden, Kaizen und Business Reengineering, die miteinander verbunden worden sind.

Der Leser wird bemerken, dass trotz der angeblichen Inkompatibilität beider Systeme, große Gemeinsamkeiten bestehen. Die Ausführungen finden Sie in Kapitel 4 dieser Arbeit.

1.4 Die wissenschaftliche Methode

Um die Forschungsfrage hinreichend beantworten zu können, sind die wissenschaftlichen Methoden, die in dieser Arbeit Anwendung finden, sowohl interpretativer, als auch empirischer Natur. Der interpretative Ansatz dient der theoretischen Beschreibung der beiden Management-Systeme, um das Wesentliche beider Methoden in die Arbeit integrieren zu können. Herangezogen werden dabei vor allem Bücher, die von bekannten Autoren im Bereich des Qualitätsmanagements in Unternehmen verfasst wurden und welche die betrachteten Systeme meiner Arbeit im Zentrum ihres Interesses angesiedelt hatten. Sowohl die beiden Begriffe Kaizen als auch Business Reengineering, wie auch Qualität als solche waren die zentralen Auswahlkriterien bei der Literaturrecherche. Weitere Literatur aus bekannten Quellen wie diverse und aktuelle Forschungsberichte, Interviews, Zeitschriftentexte zum Thema, wie auch Quellen aus dem Internet vervollständigen das inhaltliche Sortiment und die Vielfalt der theoretischen Ausarbeitung des Autors. So wurde all diese Literatur vor allem dafür genutzt, um dem Leser eine fundierte theoretische Basis zu geben.

1.5 Die Grenzen der Untersuchung und ihre Struktur

Trotz der Tatsache dass es vielerlei unterschiedliche Qualitäts-Managementmethoden gibt und zur erfolgreichen Implementierung geführt haben, wird sich diese Ausarbeitung auf die Systeme Kaizen und Business Reengineering beschränken. Der Grund dieser Einschränkung beruht auf der Tatsache, dass anhaltend Kritik gegenüber diesen Systemen, bezüglich ihrer Unterschiedlichkeit innerhalb ihrer Methodologien und beim Business Reengineering die Unvollständigkeit der Methode für den langfristigen Erfolg einer Unternehmung, geäußert wird. Außerdem wird sich die Ausarbeitung an der Praxis heutiger Unternehmen orientieren und damit das philosophische Ideengut der ständigen Verbesserung von Umwelt, Maschine, Mensch und Methode größtenteils außer Acht lassen.

Diese Ausarbeitung ist in 6 Kapitel unterteilt:

Das *erste Kapital* führt den Leser in die Thematik ein. Hier wird dem Leser der Inhalt erklärt, der Grund der Untersuchung und schließlich die Forschungsfrage näher gebracht.
Kapitel 2 wird den Leser in die Welt der Qualität einführen. Der Leser wird außerdem mit der Idee des Kaizen und Business Reengineering bekannt gemacht, um für die Beantwortung der Forschungsfrage genügend Hintergrundwissen an die Hand zu bekommen. Dieser theoretische Teil wird auch eine Reihe von Definitionen beinhalten, die von bedeutenden Autoren, wie zum Beispiel Deming und Juran geprägt wurden. Außerdem werden die Kernelemente der betrachteten Managementmethode in diesem Kapitel vorgestellt.
Um die theoretischen Grundlagen weiter zu verfeinern, werden in *Kapitel 3* Unternehmensbeispiele aus der Praxis herangezogen, die die vom Autor betrachteten Managementmethoden bereits erfolgreich implementieren konnten. Mit dieser inhaltlichen Ausarbeitung werden auch die Ergebnisse angeführt, die sich bei einer erfolgreichen Implementierung ergeben haben.
Kapitel 4 stellt einen umfassenden Vergleich zwischen beiden Methoden dar. Hier wird der Leser die Philosophie und eine kleinere Anzahl praktischer Werkzeuge von Kaizen und Business Reengineering vorfinden. In diesem Zusammenhang wird er auch mit der Frage konfrontiert werden, ob diese Management-Strategien, die Passende für sein eigenes Unternehmen sein könnte.
Kapitel 5 vermittelt eine Richtlinie, die für eine eventuelle Einführung der Qualitäts-Managementmethode in das Unternehmen gelten soll. Sie könnte jeden unterstützen, der nach der passenden Strategie für die eigene Unternehmung sucht.
Kapitel 6 soll als abschließendes Kapitel die Forschungsfrage auflösen, ob sich Kaizen und Business Reengineering erfolgreich verbinden lassen, und wenn ja, ob diese Zusammenführung zu einem noch besseren Ergebnis führen kann, als die Anwendung ausschließlich einer Methode.

2 Die theoretischen Grundlagen

„Gewünscht wird heute: Unternehmertum im Unternehmen."
Karsten Füser

Die Unternehmen, deren Produkte oder Dienstleistungen einen besonders hohen Qualitätsstandard versprechen und dabei sogar die Erwartungen der Kunden noch übertreffen, haben einen besonderen Wettbewerbsvorteil erlangt.[8] Trotzdem haben sich die Bedingungen für eine erfolgreiche Unternehmensführung drastisch verändert.[9] Produktqualität ist eine unabdingbare Eigenschaft sowohl für produzierende Unternehmen, als auch für die Dienstleistungsindustrien. Für manche Kunden gehört ein hohes Servicedenken zu einem qualitativ hochwertigen Produkt dazu. Dies ist auch den Grund warum immer mehr Unternehmen dem Prozess, zur Fertigstellung eines Produktes, die Aufmerksamkeit zukommen lassen.[10]

Management-Methoden wie es das Kaizen oder Business Reengineering darstellt, wurden aufgebaut, um die Prozessleistungen zu verbessern und damit auch das Endprodukt. Diese Verbesserungsmethodologie unterscheidet sich dabei von konventionellen Qualitätsmanagementmethoden in einigen Punkten. Während ein traditionelles Qualitätsmanagement dafür sorgen soll, dass am Ende der Produktion auffallende Defekte oder sonstige Unzulänglichkeiten behoben werden und somit den Endkunden nicht erreichen können, versucht Kaizen oder Business Reengineering bereits während des herstellenden Prozesses - vorausschauend - Fehler zu vermeiden oder gar zu eliminieren. Kaizen und Business Reengineering suchen nicht nach Schwachstellen am Ende der Prozesskette, um diese dann punktuell zu beheben, sondern sie suchen die kleinen, verantwortlichen schwachen Prozessglieder und verbessern diese nachhaltig.[11]

Wenn über Qualitätsmanagement-Systeme in diesem Zusammenhang diskutiert wird, ist beim Kaizen oder Business Reengineering oft die Frage nach den Wurzeln der Fehler zu hören, das heißt, wo liegen die wirklichen Fehler eines Produktentstehungsprozesses und was ist zu tun, um den Prozess optimal fließen zu lassen. Kein Unternehmen lässt sich vorwerfen, absichtlich Fehler zu produzieren, was dazu führt, dass jedes Unternehmen eigene Leistungsmessungen durchführt, um seine Fehler abzustellen. Kaizen und Business Reengineering zeigen einen klaren und strukturierten Weg auf, wie man zu Verbesserungen im Unternehmen kommen

[8] Harry (2002), S. 28
[9] Rheben (2005), S. 15
[10] Ibid., S. 5
[11] Ibid.

kann. Sie versuchen die Wurzel der Fehler zu identifizieren und zu eliminieren. Nach der Umsetzung sollen möglichst alle möglichen Störgrößen, die ein Endprodukt mit einer verminderten Qualität erzeugen könnten, aufgefunden worden sein. Angenommen ein Unternehmen würde seine Fehler dauerhaft erst im Endstadium eines Produktentstehungsprozesses beheben, so würden wertvolle Zeit und Ressourcen verschwendet, die woanders weit mehr vonnöten wären (in Form von Opportunitätskosten).[12] Kaizen und Business Reengineering versuchen nicht nur einfache Fehlervermeidungs-strategien darzustellen, sondern sie versuchen die Prozessabläufe optimaler zu gestalten, ja sogar mögliche Fehlerquellen für die Zukunft vorherzusehen und im Voraus zu eliminieren. So ist es nicht verwunderlich dass es in diesem Moment vor allem für die Kaizen-Methodik wichtig ist, in welchem Zustand das Unternehmen zum Zeitpunkt der Untersuchung gerade ist.[13] Beide Management-Methoden führen in unterschiedlichem Umfang eine solche Analyse durch, welche die Unternehmen unterstützt, Fehler zu reduzieren und Verbesserungen einzuführen. Sowohl Kaizen als auch Business Reengineering sind dabei aus langfristiger Sicht in ihren Vorhaben ähnlich erfolgreich.[14]

Abbildung 1. Welche Arten der Veränderung gibt es?

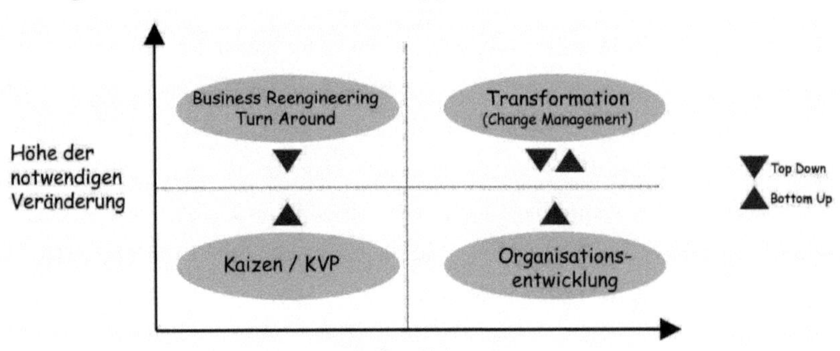

Quelle: K.D.H. & G.M. (2003), n.p.a.

Bezugnehmend auf die vorliegenden möglichen Veränderungsstrategien stellt sich die Frage, inwieweit Kaizen und Business Reengineering wirklich eigenständige Management-System sind. Diese Frage wird wohl offen bleiben. Ein Management-System kann unter Umständen definiert werden als ein Strategieplanungsprozess eines Unternehmens „der den strategischen Plan in seinen operativen Tätigkeiten untergliedert, unter Einbezug von operativen

[12] Reiher (2006), n.p.a.
[13] Hier ist vor allem die IST – Analyse der Prozesslandschaft gemeint.
[14] Reiher (2006), n.p.a.

Zielsetzungen.[15] Kaizen und Business Reengineering können dabei ein Element der operativen Planung ausmachen oder aber auch ein Management-System selbst sein. Im Folgenden wird Kaizen und Business Reengineering als Management-System oder Management-Methode beschrieben.

Die folgenden Kapitel bringen zunächst das Thema Qualität im Unternehmen näher, dann Kaizen und Business Reengineering bzgl. seine theoretischen Grundlagen, sowie Beispiele aus dem Bereich der produzierenden Unternehmen, wie aus dem Bereich des Dienstleistungssektors. Nichtsdestotrotz ist alles, was für die herstellende Industrie wahr ist auch für andere Branchen richtig. Beide Management-Methoden können damit in jeder Organisationsform angewandt werden. Dabei spielt es keine Rolle wie groß ein Unternehmen ist, noch welchem Industriezweig es angehört. Business Reengineering und Kaizen sind uneingeschränkt anwendbar.

Bevor der Autor näher auf das Thema Qualitätsverbesserung eingeht, wird im folgenden Kapitel herausgefunden, was Qualität ist und wie Qualität möglicherweise definiert werden könnte.

[15] Reiher (2006), n.p.a

2.1 *Was ist Qualität?*

„Der Schlüssel zum Erfolg sind nicht die Informationen. Das sind die Menschen." Lee Iacocca

Wenn man heut zu Tage die Zeitungen und Zeitschriften aufschlägt, dann wird einem eines schnell klar und deutlich vor Augen geführt. Ohne Werbung kommt heute kein Unternehmen mehr aus. Die Werbebotschaften arbeiten deshalb nicht selten mit Slogans deren Inhalt über *das Beste, das Vollwertigste oder das Produkt oder die Dienstleistung mit der höchsten Qualität* aufklären soll. Es ist heute, durch die wachsende Konkurrenz und die zunehmende „Schrumpfung" einer vernetzten Welt verständlich, dass fast alle Firmen eine Werbebotschaft dieser Art vermitteln wollen. Was bedeuten eigentlich solche Formulierungen? Was hat der Kunde davon ein Produkt oder eine Dienstleistung angeboten zu bekommen, die ‚State of the Art'[16] sein soll? Es ist immer wieder festzustellen, dass Unternehmen, die ein und dasselbe Produkt anbieten, alle mit der Botschaft aufwarten, wir haben das Produkt, welches *‚Best in Class'*[17] ist. Vielfach machen kleine, kaum merkliche Unterschiede am Produkt oder der Dienstleistung den Unterschied zum Konkurrent aus. Was aber ähnlich bleibt, wird das Grunddesign und seine Funktionalität sein. Wenn das also wahr sein sollte, wie kann man dann von Wettbewerber zu Wettbewerber unterscheiden, welches nun tatsächlich das Produkt oder die Dienstleistung ist mit der nachhaltig höchsten Qualität?

Das Wort Qualität wird heute in vielen Situationen angewandt ohne sich darüber im Klaren zu sein, was Qualität tatsächlich bedeuteten könnte. Schon in diesem Moment erscheint der Gedanke den Begriff Qualität in Worte fassen zu wollen bzw. zu definieren. Das Ergebnis dieser Überlegung endet in den häufigsten Fällen damit, dass man feststellen wird, dass es nicht so einfach ist, das Wort in ein kurzes Statement zu packen. Warum ist das so?

Eine Umfrage[18] unter Menschen mit unterschiedlichstem Alter und unterschiedlichem Bildungsniveau untersuchte genau das. Die Teilnehmer wurden gebeten, ihre persönliche Meinung zum Thema Qualität aufs Papier zu bringen. Was ist Qualität? Wie zu bemerken war, griffen die Teilnehmer, nachdem sie die Frage aufgenommen hatten, zunächst recht flott

---

[16] ‚State-of-the-art': hier: auf dem neuesten Stand der Technik sein.

[17] ‚Best-in-class': hier: eine Merkmalsführerschaft in der Branche einnehmen.

[18] Diese Umfrage wurde im Frühjahr 2008 von dem Autor mit ungefähr 70 Personen verschiedenen Alters (Alter: 17 – 70) und Bildungsgrad (Schüler, Student, Arbeitnehmer, Rentner) durchgeführt. Die Personen wurden gebeten, ihre persönliche Definition von Qualität niederzuschreiben. Ihnen wurde die Frage gestellt „was ist Qualität?" Es wurden keine weiteren inhaltlichen Bemerkungen über die hier vorliegende Arbeit gegeben. Das Ziel dieser Umfrage war es, die unterschiedlichen Interpretationsweisen des Begriffs Qualität zu verdeutlichen.

zu ihrem Bleistift und setzten sich an das vor ihnen liegende weiße Blatt Papier.[19] Sie nahmen den Stift, wollten gerade zum Schreiben ansetzen, schauten wieder auf und wiederholten die Frage: „Gut, Qualität ist…“. Tatsächlich fiel es vielen Teilnehmern schwer den Begriff als solches zu definieren. So vergingen einige Minuten bis jeweils der Einzelne einige Bruchstücke niederschrieb und das Papier zurückgab. Die Antworten die zurückkamen waren dabei erstaunlich unterschiedlich:

Qualität ist…

… ein Synonym für Güte und das Gegenteil von Quantität.
… auf nichts zu verzichten (Lebensqualität),
überdurchschnittliche Beratung im Geschäft (Servicequalität)
und keine Mängel am Produkt (Produktqualität).
…alles was mit Liebe gemacht ist und mehr Zeit braucht.
…wenn der Kunde zurückkommt und nicht die Ware.
…bei jedem Menschen anders definiert.
… in Bezug auf ein Produkt, für mich, Güte,
Ausführung, Langlebigkeit und Funktionalität die den
Durchschnitt ähnlicher Produkte übersteigt.
… gute handwerkliche Ausführung, große Zuverlässigkeit,
ansprechendes Design (an 2. Stelle), ggf.
überdurchschnittliche Garantieansprüche, stimmiges Preis-
/Leistungsverhältnis, aktueller Stand der Technik.

Die Definition, die am ehesten einer heute bekannten Definition entspricht, kam von einem Studenten[20]:

Qualität ist…

… das Erfüllen von Anforderungen, gestellt vom Empfänger
bzw. Kunden an das Produkt oder den Service.

[19] Ca. ¼ der Befragten wurde LIVE vor Ort befragt, alle anderen über einen Email –Verteiler.
[20] Sie entspricht auch am Ehesten noch der Definition aus der Industrie, der DIN ISO.

Summa Summarum zeigt die Umfrage, dass es keine allein stehende Definition von Qualität gibt und es beweist die Annahme, dass Qualität an sich eigentlich nicht definiert werden kann. Bedeutende Persönlichkeiten im Bereich Qualitätsmanagements verkaufen zwar ähnliche Ansätze, was ihre Methoden angehen, jedoch schaffen auch sie es nicht, ihre Definition von Qualität auf einen gemeinsamen Nenner zu bringen.

Deming, ein amerikanischer Unternehmensberater und Statistiker in Bezug auf Qualitätsmessungen, definiert Qualität folgendermaßen: „Qualität ist alles was ein Produkt von anderen Produkten aus der Sicht des Kunden erweitert."[21] Deming versucht auch in seinem Buch *Out of the crisis* Qualität eher anhand von Beispielen zu verdeutlichen, als anhand einer Definition.
Aguayo, Autor des Buches *Dr. Deming, der Amerikaner, der den Japanern Qualität beibrachte,* erklärte lieber was Qualität nicht ist, anstatt eine exakte Aussage vorzulegen.
Juran, beschreibt Qualität als „fitness for use or purpose."[22] Juran sagt, dass Qualität nicht gleichzeitig mit einer Qualitätsverbesserung einhergeht, sondern mit geplanten Unterfangen in Form unterschiedlichster Projekte.[23]
Zu dem Gedanken, dass man Qualität als „Übereinstimmung mit den Anforderungen"[24] betrachtet, führte Crosby den Gedanken der Null-Fehler-Philosophie als Qualitätsstandard ein. Laut ihm, ist Qualität einfach nur alles, was den Anforderungen genügt. In der Unternehmerlandschaft bezieht sich diese Aussage auf die Anforderungen des Kunden gegenüber einem Produkt oder einer Dienstleistung.[25]

Es gibt einige Berater oder „Gurus", die maßgeblichen Einfluss auf das heute praktizierte Qualitäts-Management hatten. Trotzdem können die meisten Charakteristikas, was Qualität ist und ausmacht auf Deming zurückgeführt werden, insbesondere wenn man an die Management-Methode Kaizen und Business Reengineering denkt. Denn viele der anderen bekannten Autoren, bauten ihre Erfolgsformel auf den Grundlagen Demings auf.[26] Die Beziehungen der beiden Management-Strategien zu Demings Theorien für Qualität werden in der weiterführenden Arbeit noch Erwähnung finden. Im nächsten Kapitel sollen dem Leser Demings Gedanken zur Zielgruppe für Qualitätsbemühungen, näher gebracht werden.

---

[21] Aguayo (1990), S. 35
[22] Bank (1992), S. 71
[23] Ibid.
[24] Ibid., S. 76
[25] Ibid.
[26] Ibid., S. 70

2.1.1 Der Kunde ist König

Über viele Jahre hielt sich das Paradigma tapfer, dass Anteilseigner die Unternehmen regieren, und dass das Hauptziel einer Unternehmung und dessen Management darin bestünde, diese wiederum mit immer größeren Profiten und damit Ausschüttungen zu mehr Wohlstand zu verhelfen. Natürlich wirkte sich die Shareholder-Value-Theorie tatsächlich nachhaltig auf das Management und den Führungsstil aus. Die Manager entwickelten aufgrund des großen Drucks vielfach egoistische Verhaltensmuster. Diese Verhaltensart führte dazu, dass „Unternehmertum von seinen eigentlichen Fundamenten gelöst wurde, indem es nicht mehr wahre Werte schaffte, sondern nur noch `vermeintlichen Wert`, denn schließlich ist es ausschließlich dieser, den der Aktienmarkt entlohnt".[27]
Diese Shareholder-Value Vorherrschaft ist zum Glück nicht mehr ganz so dramatisch, obwohl es fälschlicherweise immer noch in vielen Business-Schulen auf dem Stundenplan steht und inhaltlich irreführend vermittelt wird. Klar ist, es hat seinen ursprünglichen Stellenwert verloren. Unternehmen haben festgestellt, dass der Kunde und nichts als der Kunde eine zentrale Rolle in Sachen Profitabilität spielt. Eine aggressive Preispolitik oder missbrauchte Kunden, die exzessiv hohe Preise für ein unzureichendes Produkt oder eine Dienstleistung bezahlen müssen, ist bei weitem nicht der richtige Weg, um ein hochwertiges und vor allem nachhaltiges Shareholder-Value Konzept zu realisieren. Das neue Paradigma, das den alten Ansatz ersetzt, hebt den Kunden wieder an oberste Stelle und lässt ihm die höchste Aufmerksamkeit zuteilwerden. Deming stellte fest, dass die meisten Unternehmen heute diesem Weg folgen. Viele Unternehmen behaupten von sich aus einen exzellenten Job zu tun, was Kundenorientierung und Kundenservice angeht. Umso erschreckender ist es dann festzustellen, dass nur eine geringe Anzahl von Kunden wirklich mit der angebotenen Qualität vieler Waren zufrieden ist.[28] Dieser Umstand unterstreicht einmal mehr die Wichtigkeit, Qualität aus der Sicht des Kunden neu zu definieren.

Der Kunde oder letzten Endes der Anwender ist es, der die Qualität des verkauften Produktes bewerten soll, kann und muss. Er oder sie ist demzufolge „der wichtigste Bestandteil eines Produktentstehungsprozesses."[29]
Die Wahrheit dieser Behauptung ist so logisch wie einfach, denn wer würde noch Produkte oder Dienstleistungen in Anspruch nehmen, wenn der Abnehmer wegfiele? Von wirklicher

[27] Morris (2006), n.p.a.
[28] Ibid.
[29] Deming (1982), S. 174

Bedeutung für Unternehmen ist also, herauszufinden, was der Kunde braucht, was er will und für was er in Zukunft Geld ausgeben möchte. In diesem Zusammenhang stand der Aufbau eines Forschungsgebietes, das auch heute noch der Frage nachgeht, welche Präferenzen der Kunde hat und verwirklicht haben möchte. Die Marktforschungsergebnisse geben zu verstehen, was die Wünsche und Notwendigkeiten des Kunden sind.[30] Die folgende Aussage soll die Wichtigkeit der Kundenerhebungen ein weiteres Mal unterstreichen: „Der Grund von Studien zu Konsumentenpräferenzen soll dazu führen, dass das Produkt die Anforderungen der öffentlichen Meinung wiedergibt und nicht wie es die Werbung schafft, die öffentliche Meinung dem Produkt gegenüber zu indoktrinieren."[31]
So werden die Ergebnisse von Befragungen zu Konsumentenpräferenzen genutzt, um das Produkt nach den Wünschen des Kunden zu gestalten und die gewünschten Funktionen einfließen zu lassen.

Nicht zu vergessen ist, dass der Kunde nicht nur für die Frage herangezogen werden darf, was ein Unternehmen an Verbesserungen am Produkt oder den Dienstleistungen durchführen kann und sollte, sondern die Firmen müssen genauso berücksichtigen, was sie verlieren würden, wenn sie einen ihrer Kunden nicht zufrieden stellen könnte. Wie Deming richtig konstatiert, „niemand kann wirklich einschätzen welcher tatsächliche Schaden von einem unzufriedenen Kunden angerichtet wird."[32] Dieses Statement wird im folgenden Kapitel zum Anlass genommen herauszufinden, warum Qualität solch eine Wichtigkeit beigemessen wird. Qualität ist nicht nur mit dem Kunden verwurzelt, Qualität hat außerdem einen gewaltigen Einfluss auf die Produktivität und Kosten eines Unternehmens.

2.1.2 Die Qualität steht an erster Stelle

Ein Teil Demings Lehre beinhaltet die Theorie, dass Qualität einen direkten Einfluss auf Produktivität und Kosten einer Unternehmung hat. Betrachtet man erfolgreiche Unternehmen, dann stellt man fest, dass dies nicht nur theoretische Wahrheit sein könnte, sondern ein anzutreffendes Faktum. Moderne Qualitätsmanagement-Systeme, wie Kaizen nehmen Deming beim Wort und führen, nach der Reorganisation, Qualität in die Organisation ein.[33]

---

[30] Ibid., S. 175
[31] Deming (1982), S. 168
[32] Ibid., S. 175
[33] Aguayo (1990), S. 19

Konventionelles Management hingegen macht heute noch den Fehler, dass man nur auf die finanzmathematischen Kennzahlen schaut, um Entscheidungen für eine zukünftige Gewinnsteigerung zu fällen. Wenn man ausschließlich Bilanzen oder Gewinn- und Verlustrechnungen betrachtet, dann führt dies unweigerlich zu Entscheidungen, die nur ein billig eingekauftes Teil durch ein noch billigeres ersetzen will, oder zu einfachen Kostensenkungsvorgaben führt für Unternehmensbereiche führt, die einem weniger hohen Qualitätsniveau auch genügen mögen. So werden auch heute oft solche Entscheidungen anzutreffen sein. Nie sollte vergessen werden, dass der Qualitätsbegriff dabei unter den Tisch gefegt wird. Das Resultat wird sich sehr bald schon in steigenden Garantiefällen, einer wachsenden Unzufriedenheit des Kunden und generell höheren Kosten im Unternehmen widerspiegeln.[34]

Kurzum, eine sorgfältige Qualitätsarbeit wird zu einer steigenden Produktivität und einem Gewinnanstieg beitragen. Umgekehrt jedoch wird ein steigender Gewinn nicht gleichzeitig eine bessere Qualität herbeiführen. Ein Gewinnanstieg aufgrund einer vernachlässigten Qualität wird aus dieser Perspektive nur ein kurzfristiges und mit viel Wohlwollen ein positives Resultat bringen. Langfristig verliert man den Kunden und erliegt weiteren opportunitären Defiziten und nicht zuletzt einer geringeren Produktivität und Gewinnsituation in der Unternehmung.[35]

2.1.3 Die Kosten niedriger Qualität

Hohe Qualität führt zu einer Reduzierung von Kosten für das gesamte Unternehmen. Warum? Was ist der Grund einer wachsenden Produktivität, wenn die Qualität ansteigt? Die Antwort ist einfach: Weniger Nacharbeit, Eliminierung von Verschwendung, sowie zufriedene und treu ergebene Kunden.[36]

Die Kosten, die anfallen, wenn man einen Kunden verliert, sind bis zum heutigen Tage nicht in Finanzberichten von Unternehmen zu finden. In einem solchen Fall würde es wahrscheinlich den größten Kostenfaktor ausmachen. Ein unzufriedener Kunde würde sich im häufigsten Fall wahrscheinlich nicht einmal beschweren, sondern er würde einem neuen

[34] Ibid., S. 19-21
[35] Aguayo (1990), S. 19
[36] Deming (1982), S. 1

Unternehmen sein Vertrauen schenken und einzig die negativen Erfahrungen mit dem alten Unternehmen von Mund-zu-Mund weiter propagieren.[37]
Nacharbeit ist wohl ein Versuch die qualitative Unterlegenheit zu kitten. Es täuscht jedoch nicht darüber hinweg, dass in diesem Fall zusätzliche Teile eingekauft werden müssen und weitere Ressourcenverbräuche, wie zum Beispiel Personenstunden anfallen. Angenommen 20% der Arbeiter im Bereich der Produktion sind aufgrund des Missstandes von Nacharbeit und Korrekturen angestellt, so könnte eine weitere Annahme lauten, dass das Beheben von Mängeln genauso teuer sei wie den eigentlichen Fehler zu machen. Wenn beide Annahmen wahr wären, dann werden tatsächlich 40% der Arbeiter dafür bezahlt, Fehler zu machen und um sie anschließend wieder zu beheben.[38]
Glaubt man Deming, dann sind „die Kosten durch Nacharbeit nur ein Teil der Kosten für mangelhafte Qualität. Mangelhafte Qualität zeugt von schwachen Qualitäts-ansprüchen und senkt damit die Produktivität entlang der Produktivitätskette. Einige der fehlerhaften Produkte gehen aus dem Hause und gelangen damit in die Hände der Kunden. Ein unglücklicher Kunde wiederum erzählt dies seinen Freunden. Dieser sich multiplizierende Effekt ist dabei einer der großen Unbekannten [...].“[39]

Wenn man das Kapitel noch einmal Revue passieren lässt, dann kann man abschließend sagen, dass ein höheres Qualitätsniveau gleichbedeutend einem Gewinnanstieg ist. Dieser zusätzliche Gewinn könnte somit den Kunden in niedrigeren Preisen zugeführt werden, was dazu führen würde, dass Qualität ein Produkt oder eine Dienstleistung eher billiger macht als mangelhaft.[40]
Demings Lehren über die Wichtigkeit einer kundenorientierten Ausrichtung einer Unternehmung, und der damit verbundenen Qualität und Produktivität, sowie das beobachtbare Ergebnis einer Kostenersparnis trifft auch auf das Kaizen und Business Reengineering zu. Qualität hebt den Gewinn. Die Theorien der zwei modernen Management-Methoden sowohl Kaizen als auch das Business Reengineering zeigen zwei Möglichkeiten auf, wie ein Unternehmen Qualität auf dem höchsten Niveau erreichen und im Falle von Kaizen kontinuierlich verbessern kann.

---

[37] Aguayo (1990), S. 40; Deming (1982), S. 175
[38] Deming (1982), S. 11
[39] Ibid., S. 12
[40] Aguayo (1990), S. 42

2.2 Kaizen

„One step forward by 100 people is better than 100 steps forward by a single leader"
Kaizen - Philosophie

Kaizen basiert auf der Idee, dass kein Tag ohne eine Veränderung, vorzugsweise eine positive Veränderungen, vorbeigehen sollte.[41] In den Augen der Japaner geschehen jeden Augenblick Veränderungen. So gibt es einen Spruch: Wenn man einen Menschen drei Tage nicht gesehen hat, dann sollte man besondere Aufmerksamkeit auf diese Person lenken und beobachten, was sich an dieser Person verändert hat. Kaizen passiert überall: im täglichen Leben, in Haushalten und Firmen; es mag sogar der Fall eintreten, dass Menschen gar nicht bemerken, das es bereits ein Teil ihres Lebens ist.[42]
Die Terminologie Kaizen wurde von Imai, der sich mit dem Thema Qualitäts-management beschäftigte, eingeführt. Imai ist der Autor des Buches *Kaizen, ‚The Key to Japan's Competitive Success'.* Imai war bei Philips angestellt, als das Unternehmen begann ein Programm zur Verbesserung von Qualität einzuführen. Er griff diesen Impuls auf und begann diesen Prozess der positiven Veränderung ‚Kaizen' zu nennen.[43] Kaizen wird aus den zwei Wortteilen *Kai* und *Zen* gebildet. Kai steht für Veränderung und Zen bedeutet in einer positiven Art. Zusammen stehen sie für den kontinuierlichen Verbesserungsprozess.[44]

Heute ist Kaizen sowohl in der Geschäfts-, wie auch dem privaten Leben nicht mehr wegzudenken. Es hat sich auf der ganzen Welt herumgesprochen und ist als wichtigste japanische Management-Methode bekannt geworden. Wichtig ist nicht nur die Verbesserung des eigentlichen Produktes, sondern auch die Verbesserung aller anderen damit in Berührung kommenden Vorgänge, wie zum Beispiel die Produktion, die Werbung und der Kundenservice oder die Produktentwicklung, aber besonders auch die ständige Weiterentwicklung der Mitarbeiter sind ein zentrales Anliegen der Kaizenbewegung.[45]

---

[41] Imai (1992), S. 24
[42] Ibid., S. 25
[43] Ibid., S. 9-10
[44] Simon (1996), S. 28
[45] Ibid.

2.2.1 Der Hintergrund

Bevor die Ölkrise der 70er Jahre ausbrach, boomte die Weltwirtschaft zwei Jahrzehnte lang. Eine nicht zu befriedigende Nachfrage nach neuen Technologien und Produkten, schnell wachsende Märkte und eine mäßige Kundenorientierung, die eher auf Quantität als auf Qualität und billige Rohmaterialien Wert legte, waren typische Charakteristikas für das Unternehmensumfeld dieser Zeit. Es war eine Zeit, in der innovative Strategien ihre Blütezeit erlebten.[46]

Die Ölkrise von 1973 und 1979 veränderte allerdings die Unternehmenslandschaft grundlegend. Das Verhalten der Kunden änderte sich, die Menschen verlangten nach höherwertigen Produkten. Zur gleichen Zeit aber, stieg der Preis für Rohmaterialien und Energie drastisch, Arbeitskräfte wurden teurer. Mehr denn je waren Firmen dem Wettbewerb in kleinen und oftmals gesättigten Märkten ausgesetzt.[47]

Trotz dieses enormen Wandels, behielten die Manager der westlichen Länder ihre Strategie, die eine Innovationsmethodik an erster Stelle setzte, bei. Sie ignorierten die Warnzeichen und die sich veränderte Nachfragepräferenz der Kunden. Eine Anpassung der Strategie wäre notwendig gewesen, blieb jedoch aus. Die Manager der westlichen Unternehmen bemerkten nicht die wachsende Gefahr und den wachsenden Druck aus der asiatischen Region, namentlich Japan. Das Missachten der sich verändernden Umstände führte in den darauf folgenden Jahren zu einem dramatischen Nachteil für die westlichen Unternehmen.[48]

Allgemein kann man sagen, das in den frühen 70ern und 80ern die Effektivität und Wichtigkeit der Qualitäts-Management-Methoden in großem Rahmen erkannt wurden. Der erste Impuls kam tatsächlich von den Japanern. Ihre Art zu arbeiten, zu produzieren und zu handeln, war dem Westen in wichtigen Punkten überlegen. Die Frage der man sich stellen musste war, können japanische Management-Methoden nicht auch international angewandt werden, trotz historischem und kulturellem Anderssein?[49] Die Antwort darauf war, dass Qualitäts-Management nicht in erster Linie eine Frage des kulturellen Hintergrundes, sondern eine andere Art der Einstellung und eine andere Art zu denken ist.[50]

---

[46] Imai (1992), S. 15-16
[47] Ibid.
[48] Ibid.
[49] Mullins (2002) S. 80-81
[50] Imai (1992), S. 18

2.2.2 Das Konzept

Wie Kaizen arbeitet, zeigen japanische Unternehmen, die in westlichen Ländern gereifte Technologie übernommen, weiterentwickelt und qualitativ verbessert haben, bis es schließlich zur Marktführerschaft reichte. Diese Art den Weltmarkt zu erobern führte dazu, dass der Westen, Weltmärkte wie die Produktion von Motorrädern, Kameras, DVD-Player, TV-Geräte und andere elektronische Geräte verlor.[51] Keine Überraschung war, dass Japan das umsatzstärkste und profitabelste Automobilunternehmen der Welt präsentieren konnte, Toyota. Auch was die Prognosen für die Zukunft angehen, sieht Toyota für sich weit mehr Potential als ihr schärfster Konkurrent General Motors (GM), der für die Zukunft kaum eine positive Entwicklung prognostizieren möchte.[52] Heute muss sich die westliche Wirtschaft die Frage stellen, können wir mit der japanischen Wirtschaft überhaupt noch mithalten? Zum Glück kann diese Frage mit ‚ja' beantwortet werden, so lange die betroffenen Unternehmen langsam begreifen, dass sie das bisher unangetastetes Potential ihrer Arbeitskräfte anpacken, eigene Stärken erkennen und stärken lernen und Schwächen konsequent ausmerzen.[53] Trotz alledem, schaffen es bis heute nicht alle Firmen des westlichen Kulturkreises, sich der japanischen Methode zu bedienen, obwohl diese Methode nachweislich in zahlreichen Beispielen belegbar ist und zu einem Wettbewerbsvorteil verhelfen könnte.

Hinter der Methode Kaizen steht keine einzelne Strategie. Sie ist vielmehr etwas, das auf mehreren Prinzipien fußt. Diese Prinzipien haben sich in der Vergangenheit mehrfach unter Beweis gestellt. So vermittelt Abbildung 2 die Hauptprinzipien, genannt Kundenorientierung, umfassende Qualitätskontrolle (TQC), Qualitätszirkel (QC´s), Vorschlagswesen, Just-in-time, Fehlerlosigkeit. Sie alle können unter dem Sammelbegriff Kaizen zusammengefasst werden. So findet sich Kaizen in vielen japanischen und anderen weltbekannten Management-Methoden wieder. Kaizen kann man somit ohne weiteres als einen „Schirm" darstellen, ein Konzept das in den nachfolgenden Passagen erläutert wird.[54]

---

[51] Simon (1996), S. 34
[52] VDI-Nachrichten (11/2007), n.p.a.
[53] Schwager (1997), S. 103
[54] Imai (1992), S. 24

Der folgende Abschnitt wird den Kerngedanken von Kaizen erklären, wie es arbeitet und wann es eine passende Lösung für ein Unternehmen sein könnte. Außerdem wird es einen Vergleich geben von eher in Japan und den eher im Westen genutzten Strategien. Es könnte dabei auffallen, dass Kaizen kein wirkliches Alleinstellungsmerkmal in Anspruch nimmt. Es ist kein exklusives Konzept, nur anwendbar in einer Situation oder bei einer bestimmten Voraussetzung. Es ist im Vergleich zu anderen Methoden klar abgrenzbar. Die Anwendbarkeit kennt allerdings keine Grenzen. Kaizen ist in der Lage jedes heutige Management-System zu stützen und zu verbessern.

2.2.2.1 Der Kaizen – Schirm

Die Prinzipien, die in Abbildung 2 gelistet sind, gehören alle zur Kaizen-Philosophie. Jeder einzelne Punkt ist eine Komponente eines außergewöhnlichen Management-Systems und alle zusammen machen sie das Grundgerüst von Kaizen aus.

Abbildung 2: Der Kaizen - Schirm

• Kundenorientierung • Umfassende Qualitätskontrolle (TQC) • Mechanisierung • Qualitätszirkel (QC´s) • Vorschlagswesen • Automatisierung • Arbeitsdisziplin • Umfassende Produktivitätskontrolle (TPM)	• Entwicklung neuer Produkte • Kanban • Qualitätssteigerung • Just-in-Time (JIT) • Fehlerlosigkeit • Gruppenarbeit • Managementebenen • Produktivitätssteigerungen

Quelle: Imai (1992), S. 25

Um dem Leser ein tieferes Verständnis für das Kaizen zu ermöglichen, wird eine kleine Auswahl von Methoden, die unter dem Kaizen – Schirm zu finden sind, erklärt:

Kundenorientierung: Die Leitidee der Kundenorientierung wurde bereits in vorigen Kapiteln erläutert. Sie soll dazu dienen ein lebenslanges Verhältnis zum Kunde aufzubauen. Auch die Loyalität des Kunden gegenüber dem Unternehmen kann diese Fokussierung steigern. Das Konzept wird nur dann von Erfolg gekrönt sein, wenn der Kunde mit dem Produkt zufrieden ist.[55] Qualität kommt also von dem Unternehmen, wird aber vom Kunden definiert.

Umfassende Qualitätskontrolle (TQC): TQC ist eine Management-Werkzeug, um die gesamte Leistung im Unternehmen zu verbessern. Dabei legt TQC den Schwerpunkt auf die Verbesserung des Arbeitsplatzes, sodass die Mitarbeiter eine optimale Grundlage haben, auf der sie aufbauen können und bestmöglich ihre Aufgaben erledigen können. TQC findet sich auch immer mehr in kritischen Managementaufgaben wieder, wie zum Beispiel der Organisationsentwicklung.[56]

Fehlerlosigkeit (Poka Yoke): Eine Null-Fehler-Strategie oder auch Poka Yoke genannt, ist entwickelt worden, um Fehler zu vermeiden. Ziel ist von Beginn an die Dinge richtig zu tun und gar nicht erst in die Verlegenheit zu geraten Dinge unsachgemäß zu erledigen. Wenn man diese Methode konsequent anwendet, dann kann sie die Fehler im Prozess auf nahezu null zu reduzieren.[57] Es ist eine verhältnismäßig einfache Praktik, die innerhalb kurzer Zeit eingeführt werden kann. Ein Beispiel für eine Fehlervermeidung wäre eine farblich unterschiedliche Markierung an Bauteilen, die Verwechslungen im Einbau verhindert.[58]

Just-in-Time Management (JIT): die zeitgerechte Anlieferung von Waren oder Materialien am richtigen Ort, zur richtigen Qualität ist das JIT-Konzept. Es ist üblich, dass Unternehmen, die nach den Prinzipien von Kaizen arbeiten und das JIT-Konzept anwenden, auch ihre Zulieferer einbeziehen, was dazu führt, dass die gesamt Versorgungskette (Supply-Chain) optimiert wird.[59]
Zulieferer werden nach bestimmten Kriterien gemessen, wie dem Qualitätsstandard, die zeitgemäße Anlieferung von Teilen und der allgemeinen Flexibilität ihrer Leistungserbringung. Firmen die langfristig den gewünschten Standard nicht halten oder sogar

[55] Sebestyen (1994), S. 18
[56] Business Coach (n.d.a.), n.p.a.
[57] Neil (2005), n.p.a.
[58] Sebestyan (1994), S. 64
[59] Ibid., S. 69-71

verbessern können, werden nicht weiter berücksichtigt bzw. durch andere ersetzt. Empfohlen wird die Anzahl der Zulieferer klein zu halten und eher auf eine langfristige Kooperation mit den Auserwählten zu bauen. Die Unternehmungen, die Kaizen praktizieren, sollten dem Zulieferer Unterstützung bei der Implementierung anbieten. Gäbe es dadurch eine Kostenreduktion im Zuliefererbetrieb, sollte dies auch für den Hersteller des endgültigen Produktes in Preisnachlässen erkennbar gemacht werden.[60]

Kanban: Kanban ist eine Werkzeug, das insbesondere im JIT-Konzept genutzt wird. So veränderte sich ein traditionelles Push-System, indem die Materialien einfach in den nächsten Arbeitsschritt gedrückt werden, hin zu einem Pull-System.[61] Was immer ein Prozessschritt an Ressourcen verbraucht, wird im davor gelagerten Prozessschritt erkannt und wieder nachproduziert und zwar in der benötigten Menge und Zeit (JIT). Voraussetzung ist dabei eine klare Kommunikationsstruktur, das heißt: wer macht was, wann, wo und wie viel. Wichtig für die allgemeine erfolgreiche Durchführung ist eine geringere Anzahl von Varianten.[62] Sind diese Voraussetzungen erfüllt, kann eine Karte (Kanban) mit den entsprechenden Informationen als Informationsübermittler genutzt werden.[63]

2.2.2.2 Die Prozessorientierung

Das Konzept der Prozessorientierung mag vielleicht einleuchtend erscheinen, wenn man dies anhand eines Athleten beschreibt. Der Athlet hat sich als Ziel gesetzt einen Wettbewerb zu gewinnen. Am Tag des Wettbewerbs wird es schwierig für ihn sein, noch eine weitere Steigerung seiner Leistung zu erreichen. Hat er aber die Monate zuvor kontinuierlich und fleißig die Basis für ein besseres Ergebnis durch eine Verbesserung des Trainings erreicht, dann wird auch das Ergebnis anders aussehen. Nur während seines Trainingsprozesses hat der Athlet die Chance seine erwarteten Ergebnisse zu steigern. Geschah dies nicht, so ist es am Tag des Wettkampfes zu spät dafür.

Aus dieser Sicht wird der Unterschied zwischen einer Prozessorientierung und Ergebnisorientierung einfacher verständlich. Die japanische Gesellschaft ist prozessorientiert, während die europäische- und nordamerikanische Gesellschaft ergebnisorientiert handelt,

---

[60] Sebestyan (1994), S. 69-71
[61] Maisch (2004), n.p.a.
[62] EBZ Beratungszentrum (2000), n.p.a.
[63] Imai (1992), S. 24

meint Mayumi Otubo, verantwortlich für Wettbewerbe und Sonderveranstaltungen bei Bridgestone Tire Co. Bei Kaizen steht Qualität an erster Stelle, nicht Profit.[64]
Jedem sollte klar sein, das der Profit sehr wohl auch für diejenigen Unternehmen eine entscheidende Rolle spielt, die Kaizen praktizieren. So ist das Prozessdenken so wichtig, wie das erwartete Ergebnis selbst.[65] Nur der Weg dorthin wird unterschiedlich genommen. Der Gesamtgewinn für eine Unternehmung steigt.

Bevor man also positive Ergebnisse erhält, führt einem der Prozess vor, welche Vorgänge dafür noch optimiert werden müssen.[66] Das Grundlegende dieser prozessorientierten Herangehensweise ist nicht in erster Linie das Setzen von Zielen, sondern eher die Konzentration auf die Frage, wie die Dinge erreicht werden können und wie die individuellen Schritte koordiniert und in eine optimale Reihenfolge gebracht werden können.[67]
Mit anderen Worten, Prozessorientierung bedarf einer besonders intensiven Zusammenarbeit unter den Angestellten und Gruppen, die in der Prozesskette involviert sind. So sollten die individuellen Funktionen eines Unternehmens nicht voneinander isoliert sein. Viel eher sollten sie sich wie selbstverständlich innerhalb eines Vorgangs oder Prozessschrittes bewegen und so das übergeordnete Ergebnis verbessern.[68]
Imai untermauert diese Vorgehensweise mit einem schönen Beispiel. Hier spielt die Frage ‚Warum?' und die Häufigkeit eine wichtige Rolle. Eine Warum-Frage nur einmal zu stellen, reicht nicht um den Fragenden an das tatsächliche Problem heranzuführen. Wie Abbildung 2 zeigt, um an die Wurzel des Problems zu gelangen, bedarf es einer wirklichen Hinterfragung des Problems.

[64] Imai (1992), S. 18-19, 42
[65] Ibid., S.39
[66] Ibid.
[67] Schwager (1997), S. 71
[68] Ibid., S. 70

Abbildung 3: Ursachenanalyse eines Problems

Beispiel wie man den Grund eines Maschinenausfalles erörtern kann.

Frage 1: Warum kam es zu einem Maschinenstillstand?
Antwort 1: Die Sicherung war wegen Überlastung durchgebrannt.

Frage 2: Warum war die Maschine überlastet?
Antwort 2: Weil das Lager nicht richtig geschmiert war.

Frage 3: Warum war das Lager nicht richtig geschmiert?
Antwort 3: Weil die Ölpumpe nicht richtig funktionierte.

Frage 4: Warum funktionierte sie nicht richtig?
Antwort 4: Weil ihr Achslager schon ausgeleiert war.

Frage 5: Warum war es ausgeleiert?
Antwort 5: Weil Schmutz hineingelangt war.

Man stellt also so fest, dass ohne wiederholtes Nachfragen, niemals die Wurzel des Problems gefunden worden wäre.

Quelle: Imai (1992), S. 75

Dieser Prozess der Befragung beschreibt einleuchtend, was es bedeutet, nicht nur einen Schritt zu bewältigen, sondern übergeordnete, auch funktionale Vorgänge jederzeit einzubinden. Dieser Prozess, der auch bezeichnet wird als ‚managing upstream' (‚die vorgelagerten Prozess im Griff haben'), genießt einen hohen Stellenwert in der Problemanalysevorgehensweise der Japaner. Bei diesem Beispiel wird an die Pumpe ein Siebfilter angebracht, ohne wiederholtes Fragen wäre es wahrscheinlich nur zu einer Schnellreinigung gekommen Diese Art der Befragung in Abbildung 3 könnte genauso gut ein Problem analysieren, das in der Prozesskette anderswo aufgetaucht wäre.[69]

[69] Imai (1992), S. 75-76

2.2.2.3 Das Vorschlagswesen

Human-Ressourcen sind das wichtigste Vermögen, welches ein Unternehmen besitzt. Dieser Umstand ist in der Unternehmenslandschaft mittlerweile hinlänglich bekannt. Erfahrene Mitarbeiter, die durch ihre Tätigkeit ein hohes Niveau an Fähigkeiten erreichen konnten, überschauen die Produktion und Organisation, d.h. die Prozesse bis ins kleinste Detail und werden den diesbezüglichen Überblick auch so schnell nicht verlieren.[70]
Das Vorschlagswesen, welches nur eine Komponente von Kaizen ausmacht, ist eine ausgereifte Methode, um von der praktischen Erfahrung der Mitarbeiter zu profitieren. Angestellte und Arbeiter arbeiten jeden Tag in dem Bereich, indem sie als Experten betrachtet werden können. Demzufolge tragen sie auch am ehesten das Potential in sich, jegliche Art von Fehler oder mögliche Probleme frühzeitig zu entdecken und Verbesserungen einzuleiten. So sollten alle Mitglieder einer Unternehmung am kontinuierlichen Verbesserungsprozess beteiligt sein.[71]

In der Vergangenheit führte so manches Unternehmen ein - von der Kaizenbewegung inspiriertes - Vorschlagswesen ein. Es wurden tatsächlich schnell Kostenersparnisse und eine bedeutende Steigerung der Mitarbeitermotivation festgestellt. Natürlich nur, wenn die Management-Ebenen die Vorschläge und Anregungen der Mitarbeiter wirklich honorieren gelernt hatten.[72] Allerdings sind in vielen Unternehmen Verbesserungsvorschläge zwar willkommen, jedoch werden sie zu selten in die Realität umgesetzt.[73] Dies steht im Kontrast zu dem Vorschlagswesen, welches in Japan praktiziert wird. Hier sind die Manager darauf bedacht, die Mitarbeiter zu Verbesserungen anzuregen, um damit mindestens einen Verbesserungsvorgang pro Tag zu initiieren.[74] Eiji Toyoda, damaliger Chairman von Toyota äußerte sich in einem Interview folgendermaßen: „Eine der Eigenschaften der japanischen Arbeiter ist es, dass sie sowohl ihre Hände als auch ihren Kopf zu gebrauchen wissen. Unsere Arbeiter reichen pro Jahr 1,5 Millionen Vorschläge ein, von denen 95% umgesetzt werden. Bei Toyota liegt der Geist der Verbesserung fast greifbar in der Luft.“[75]Kaizen ist eine Seite der Medaille, in der das Management die Mitarbeiter ermutigt das Gute am

[70] Leonard (2005), S. 22-24
[71] Imai (1992), S. 37-38
[72] Heid (2002), n.p.a.
[73] Simon (1996), S. 34
[74] Imai (1992), S. 37-38
[75] Ibid., S. 38

Vorschlagswesen für eine positive Veränderung heraus zu kitzeln. Damit folgt die Unternehmensleitung der Idee, dass sie selber bereits die besten und billigsten Berater, nämlich ihre eigenen Angestellten, als Ansprechpartner und Innovatoren haben. Implementierte Ideen werden alle belohnt, wenn auch nicht immer in finanzieller Art und geben damit einen weiteren Anreiz, nach neuen Wegen hin zu einem fehlerlosen Vorgang zu streben.[76]Die Möglichkeit einer positiven Konkurrenzsituation unter den Mitarbeitern und Gruppen, ist ein weiterer Bestandteil von Kaizen. Es trägt zu mehr Vorschlägen bei. In manchen Unternehmen finden sich sogar Übersichtstafeln, welcher Mitarbeiter in welchem Zeitraum wie viele Vorschläge dem Management unterbreiten konnte.[77] Von Führungskräften und Abteilungsleitern wird erwartet, dass sie ihre Mitarbeiter ermutigen und motivieren um auf kreative Art und Weise Verbesserungen durchzuführen.[78]

Das Vorschlagswesen ist für die Kaizenbewegung lebenswichtig, da es die schrittweise Verbesserung im Unternehmen fördert. Was andere Unternehmen durch teure externe Beratungsleistungen erfahren, kann Kaizen intern aus seinem Vorschlagswesen rekrutieren. Das gegenwärtige Wissen und die Erfahrungen der Mitarbeiter wird durch ihr eigenes Interesse an der ständigen Verbesserung der Unternehmenssituation, zu positiven Veränderungen im Ganzen führen.

2.2.2.4 Das Aufstellen neuer Standards (kontinuierliche Verbesserung)

Unternehmen die Kaizen praktizieren, werden nichts unversucht lassen, auch die gemachten Vorschläge der Mitarbeiter umzusetzen. Jeder dabei umgesetzte Vorschlag hebt den bisherigen Standard aus seinen Angeln und kreiert einen neuen, anspruchsvolleren Standard. Mit anderen Worten, jede neu erreichte Qualitätsstufe wird die Grundlage für weitere Verbesserungen. So ist das Ende einer Prozessinnovation gleichzeitig der Auslöser zur nächsten Verbesserungsmaßnahme. Das Rad wird niemals stehen bleiben.[79]
Kontinuierliche Verbesserung ist das Konzept zur Identifizierung und Analyse der Potentiale für eine weitere Verbesserung.[80] Der PDCA Zyklus ist ein Rad, dass sich während eines Veränderungsprozesses mehrere Male dreht. Es ist eine Sequenz von vier sich

[76] Simon (1996), S.34
[77] Imai (1992), S. 37
[78] Iltis GmbH (n.d.a.), n.p.a.
[79] Simon(1996), S. 32
[80] Brehm (2002), S. 20

wiederholenden Aktionen. Der PDCA Zyklus wurde von Deming erfunden, der bereits einmal erwähnte Statistiker. Der PDCA Zyklus ist auch bekannt unter dem Namen ‚einer Vorgehensweise hin zu einer kontinuierlichen Verbesserung'. Die fortwährende Entwicklung einer Unternehmung ist ihr primäres Ziel. Verbesserung ist somit etwas Unendliches und Unaufhaltbares, da alle vier Schritte immer und immer wieder wiederholt werden, sobald der letzte Schritt beendet wurde.[81]

Abbildung 4: Der PDCA – Zyklus

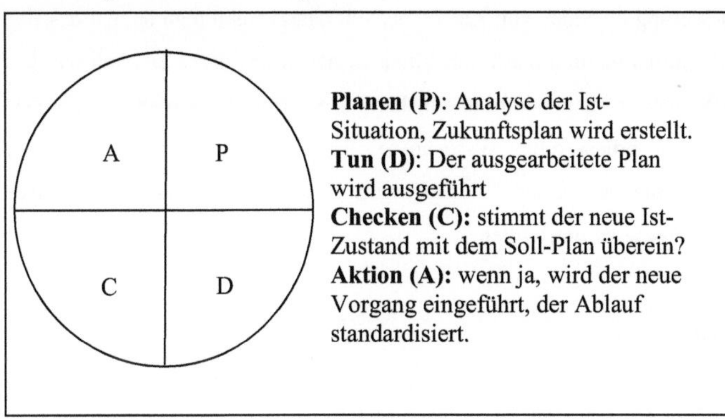

Quelle: Imai (1992), S. 21

Die Abbildung 4 zeigt den PDCA Zyklus und erklärt den jeweiligen Schritt. Das Rad startet mit der Analyse der gegenwärtigen Situation, der Ist-Situation. Es wird versucht, mögliche Verbesserungspotentiale auszumachen. Diese Phase nennt sich ‚Planen' (P) außerdem werden Messungen durchgeführt, um die Ist-Situation später mit der Soll- Situation vergleichen zu können. In der zweiten Phase, ‚Tun' (D), wird der aufgestellte Plan aus Phase P ausgeführt. Es werden alle Veränderungen aus Phase eins umgesetzt.[82] Die ‚Check' Phase (C) ist ein sehr wichtiger Schritt. Hier ist die Hauptaufgabe herauszufinden, inwieweit die eingeführten Veränderungen auch tatsächlich zu den gewünschten Verbesserungen geführt haben. Abschließend in der Phase ‚Aktion' (A), werden die neuen Vorgehensweisen standardisiert, die erzielten Ergebnisse werden notiert und mit dem gewünschten Soll-Zustand verglichen.[83] Das Einführen von vorbeugenden Maßnahmen hin zu präventiven Verbesserungen zur Vermeidung zukünftiger Fehler kann zusätzlich in Betracht gezogen werden. Die Standardisierung im letzten Schritt des Rades setzt die neue Basis, um wieder am Rad drehen

[81] Iltis GmbH (n.d.a.), n.p.a.
[82] Brehm (2002), S. 21
[83] Ibid.

zu können und zwar mit dem Beginn der Prozedur PDCA. Nach Imai ist der PDCA-Zyklus die Grundlage für alle Kaizen-Aktivitäten.[84] Trotzdem wurde der Zyklus an das Kaizen-Konzept angepasst. Vor der Modifizierung war mit ‚Checken' gemeint, dass Inspektoren die Arbeitsergebnisse kontrollieren, und ‚Aktion' bedeutete, dass beim Feststellen von Fehlern oder fehlerhaften Teilen korrigierende Maßnahmen eingeleitet wurden. Man fand schnell heraus, dass beim Anwenden dieses alten PDCA – Zyklus, das nachträgliche korrigieren bereits gemachter Fehler, nicht zum Ziel führte.[85]

Kontinuierliche Verbesserung im Sinne von Kaizen bedeutet, dass wenn man einmal das Rad der Verbesserung durchlaufen hat und die Maßnahmen zu neuen Standards erhoben wurden, jeder Mitarbeiter von Neuem versuchen wird alle bisherigen Schritte zu überdenken, um nach neuen Möglichkeiten zur Verbesserung Ausschau zu halten. Der gerade standardisierte Prozess wird damit weiter verbessert.[86] Hier wird klar, der Japaner sucht nach Verbesserungen, um des Verbesserungswillen.[87]

2.2.2.5 Die Innovation

Bisher wurde die Tatsache deutlich gemacht, dass jeder Tag mit Verbesserung einhergehen sollte.[88] Diese Art der Qualitätssteigerung kann grundsätzlich auf zwei Arten erfolgen: Der eine Weg erfolgt in kleinen, vielleicht sogar kaum sichtbaren Fortschritten, welcher der Weg von Kaizen ist. Der andere Weg ist der einmalige, meist schon abschließende Schritt hin zur Verbesserung. Dieser entspricht der Innovation. Hier erfolgt oft ein technologischer Durchbruch oder die Einführung eines neuen Management- oder einzigartigen Produktionskonzeptes. Kaizen kann man hingegen mit einem Brutkasten vergleichen, indem kleine, aber anhaltende Veränderungen ausgebrütet werden. Die vorhandenen Gegebenheiten werden dabei berücksichtigt. Der Erfolg von Kaizen erfolgt graduell und ist fast in jedem Fall vorhersehbar. Eine Innovation und dessen Ergebnis hingegen lässt sich kaum prognostizieren. Zu oft wurden Anwender einer innovativen Strategie enttäuscht.[89] Alle Verbesserungsvorschläge sollten mit den Mitarbeitern nicht nur im direkten Umfeld besprochen werden. Übergeordnete unternehmensweite Ziele sind unbedingt einzubeziehen. Unternehmen, die

---

[84] Brehm (2002), S. 21

[85] Imai (1992), S. 88

[86] Ibid.

[87] Imai (1992), n.p.a.

[88] Simon (1996), S. 29

[89] Imai (1992), S. 47ff.

Kaizen „leben“, werden alle Modifikationen umsetzen auch wenn sie jeweils nur eine geringe Verbesserung versprechen.[90] Diese kleinen aber so wichtigen Fortschritte sind nur ein Teil eines riesigen Puzzles, das zu einem Gesamtprozess anwächst, in diesem Fall zu mehr Qualität und Erfolg. Ideen, die im Ablauf zu weniger als eine Sekunde an Zeitersparnis führen, werden sogar realisiert.[91]

Diese kleinen und doch in der Summe so wirkungsvollen Fortschritte, finden in der westlichen Welt unter den Managern nach wie vor kaum Anerkennung. Die westlichen Unternehmen bevorzugen die Innovation, was zwar nach der Implementierung zunächst zu einem enormen Volumenanstieg führen kann, jedoch im selben Augenblick einer ständigen und stetigen Wertschrumpfung unterliegt. Die Innovation hat in Europa wie auch Amerika eine sehr spektakuläre Wirkung, denn es führt zu enormen Veränderungen, was Managementtechniken und Produktionssysteme anbelangt. In den meisten Fällen bedarf es großer Investitionssummen, da in der Regel die neueste Technik eingekauft wird. Für die Wettstreiter einer solchen Innovationsstrategie kommt es daher gar nicht gelegen, dass trotz dieser enormen finanziellen Anstrengungen und damit verbundenen großen Schritte in eine bessere Zukunft, die Kaizen – Methode eher zu wünschenswerten Ergebnissen führt, als die Innovation.[92] Simons meint dazu: „100 Verbesserungsvorschläge, die jedes Mal nur 1 Prozent Verbesserung bringen, bewirken letztendlich mehr als 100-Prozent Innovation.“[93]

Abbildung 5 verdeutlicht den Unterschied zwischen Kaizen und Innovation. In der Realität gibt es allerdings keine statische Konstante. Jedes System ist ab dem Zeitpunkt seiner Etablierung dem Verfall preisgegeben. Somit ist die Innovationslinie nicht korrekt eingezeichnet. Ohne einen kontinuierlichen Verbesserungsvorgang nach der Innovation, wird der Status quo nicht haltbar sein. Es bedarf ständiger Anstrengung, um gegen den Niedergang einer einstigen Innovation anzukommen.[94]

---

[90] Simon (1996), S. 30
[91] Ibid.
[92] Imai (1992), S. 47-48
[93] Simon (1996), S. 30
[94] Imai (1992), S. 50-52

Abbildung 5: Muster von Kaizen und der Innovation

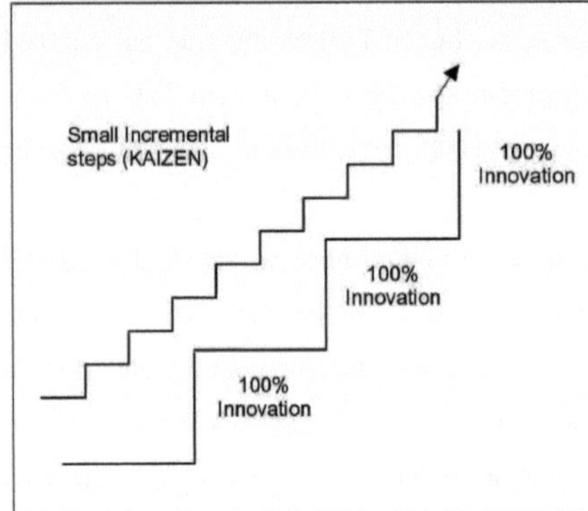

Innovation occurs in big steps and involves large investments as usually the newest technologies are involved. However, for that reason only low commitment to maintenance is required.

Kaizen takes place all the time; therefore the commitment of all participants in the improvement process needs to be very high.
The large amount of small steps are said to cause better results than the few big steps of innovation.

Quelle: Simon (1996), S. 30 und Imai (1992), S. 48

Das zugrunde liegende Ziel jeder innovativen Veränderung ist, dass es letztendlich Profit abwerfen sollte; aus diesem Grund ist die Innovation die beste Wahl für eine schnell wachsende Wirtschaft.[95] Aber die Zeiten haben sich geändert und die Innovation mag heute nicht mehr den Effekt haben, wie sie es einst in der Nachkriegszeit noch hatte. In westlichen Firmenorganisationen hat sie ihre Wirksamkeit eingebüßt. Innovation ist heute nicht mehr genug.

Um den Niedergang der Innovation zu vermeiden, wird empfohlen „Kaizen hinzuzufügen". Laut Imai ist sowohl Kaizen und die Innovation ein unersetzliches Werkzeug für das Wachstum und die Kontinuität einer Unternehmung.[96]

Wie in Abbildung 6 klar wird, kann die Innovation und Kaizen perfekt harmonieren. Abbildung 6 a) zeigt die Innovation, ohne die kontinuierliche Verbesserungsstruktur. Der Niedergang der Innovation beginnt in dem Moment der Implementierung. Aus diesem Grund bewegt sich die Kurve nach unten. Instandhaltungsmaßnahmen werden zweifelsohne die Situation verbessern, im Optimalfall das Niveau der Neuware erreichen, nicht aber zu einer Verbesserung führen.

[95] Imai (1992), S. 48

[96] Ibid., S. 17, 50-51

Abbildung 6: Muster von der Innovation plus Kaizen

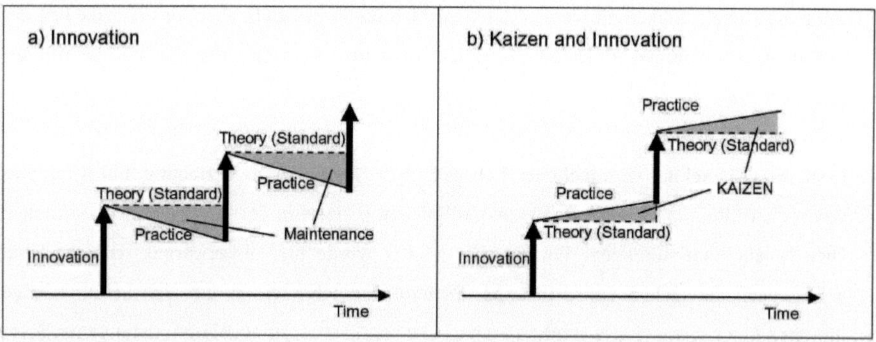

Quelle: Imai (1992), S. 50-51

Wenn Kaizen in den Innovationsvorgang integriert wird (siehe Abbildung 6b), steigt die Kurve stetig an, auch wenn sie dies nicht immer mit derselben Steigungsrate tut. Kaizen und Innovation gemeinsam angewandt, wird zu besseren Ergebnissen führen, als die Anwendung nur einer Methode.

Bevor der Übergang in das nächste Kapitel erfolgt, sollen zwei Beispiele angeführt werden. Wenn man sich an die Erfindung des Rades zurückerinnert, so können wir diese als eine große Innovation bezeichnen. Das Rad wurde zwischen 3500 und 3000 v. Chr in Mesopotamien eingeführt, indem zuerst einfach Scheiben aus einem Baumstamm geschnitten wurden.[97] Die Idee des Kreises wurde immer exakter verwirklicht, weil man feststellte, dass je mehr das Stück Holz einer runden Form entsprach, umso besser funktionierte. Diesen Vorgang bezeichnet man heute als Kaizen, die Baumstücke wurden Stück-für-Stück einer runden Form entgegen geführt. Das Rad wurde kontinuierlich verbessert.
Eine weitere Innovation war, als das Rad für einen Lastzug oder auch Flaschenzüge gebraucht wurde. Selbstverständlich wurde das Rad auch hier, am laufenden Band, kleinen Verbesserungen unterzogen. Als sich das Rad zu einem wirklichen Gebrauchsgegenstand entwickelte, bedurfte es weiterer Entwicklungsschritte. Es musste der jeweiligen veränderten Nachfrage (Kundenorientierung) angepasst werden. Der Gebrauch des Rades für ein Motorrad brachte eine weitere Innovation mit sich, wie auch die Nutzung anderer Materialien und so weiter. Obwohl das Rad vor langer Zeit erfunden wurde, entwickelten die Menschen die Räder in einem fort, sie betrieben einen unbewussten kontinuierlichen Verbesserungsprozess.

97 Ladouceur (2002), n.p.a

Viele Dinge des täglichen Lebens haben bereits Kaizen „durchlebt“ und werden so weiterentwickelt. Sicherlich werden die wenigsten daran gedacht haben, das Kaizen Teil der Erfindung des heutigen Rades war, aber laut Imai trifft man zu jeder Zeit und überall auf Kaizen.[98]

Noch ein Beispiel aus dem täglichen Leben. Es betrifft das Thema Erziehung. Ein Kind lernt von seinen Eltern das Sprechen, Essen und Spielen. Es lernt in der Welt zurecht zu kommen. Dies ist ein kontinuierlicher Prozess. Die Mutter würde niemals erwarten, dass ihr Kind bereits nach der Geburt sprechen kann. Es lernt vielmehr, wie es um sich herum Klänge imitieren kann. Eines Tages wird es in der Lage sein erst einzelne Wörter, dann ganze Sätze zu bilden und auszusprechen.

Es kann angenommen werden, dass das Kind die erste Innovation erlebt wenn es zur Schule geschickt wird und schreiben und rechnen lernt. Später besucht das Kind die höhere Schule, und dann womöglich die Universität. Während all dieser ‚Innovationen' passiert immer wieder ein kontinuierlicher Entwicklungsprozess. Jeden Tag und jedes Jahr gewinnt das Kind an neuem Wissen hinzu, dass es ihm erlaubt ein noch höheres Bildungsniveau zu erreichen. Alles Wissen das in den Jahren zuvor erworben wurde, vermehrt sich somit täglich.

Wenn wir den Kaizenprozess der ständigen Verbesserung ignorieren würden, dann müsste das Kind direkt von der Grundschule auf die Universität geschickt werden, was selbstverständlich niemals geschehen würde. Auch wenn man es nicht wahrnimmt, das Kind, die Eltern und die Lehrer sind immer ein Teil des Kaizenprozesses selbst; Alle sind involviert.

2.2.3 Die Dimensionen

Ab dem Zeitpunkt, in welchem Kaizen im Unternehmen eingesetzt wird und eine große Effektivität an den Tag legen soll, bedarf es einer gewaltigen Unterstützung der gesamten Managementebenen. In manchen Unternehmen erhält Kaizen eine solche Aufmerksamkeit, in anderen wiederum weniger. Schwager entdeckte, dass Kaizen, welches nur eine geringe Unterstützung erfährt, kaum von Erfolg gekrönt sein kann. Die Resultate zeigen außerdem, dass die Evaluation und der Inhalt der Verbesserungs-programme ein Teil des Erfolges und damit die Effektivität von Kaizen ausmachen. Einführung von Kaizen soll ein Aufruf für alle sein. Jeder im Unternehmen sollte daran beteiligt werden.[99]

---

[98] Imai (1992), S. 15

[99] Schwager (1997), S. 132-133

Kaizen ist einfach zu bedeutend, um es einzelnen Experten oder einer ausgewählten Gruppe von Menschen zu überlassen.[100] Wie Abbildung 7 aufzeigt, hat nicht jeder einfach eine Position im Unternehmen einzunehmen, sondern sollte im Kaizen-Prozess voll integriert sein.

Der Mitarbeiter, vom Top-Management bis hinunter zum Arbeiter, sollte in einem der drei Dimensionen von Kaizen aktiv beteiligt sein:

1. **Managementorientiertes Kaizen:** Dieses Kaizen ist deshalb so bedeutend, weil sich das managementorientierte Kaizen auf die so wichtigen Bereiche wie Logistik und Strategie konzentriert und wichtige Impulse zur Aufrechterhaltung von Fortschritt und Arbeitsmoral gibt.

2. **Gruppenorientiertes Kaizen:** Hier wird Kaizen im Rahmen von kontinuierlicher Gruppenarbeit von QC-Zirkeln und anderen Kleingruppen getragen. Die Aktivitäten von QC-Zirkeln beschränken sich auf Probleme im eigenen Arbeitsbereich. Es verbessert sich die Einstellung der Mitarbeiter, weil dabei jeder die Kunst der Problemlösung erlernt.

3. **Personenorientiertes Kaizen:** diese Art des Kaizen manifestiert sich in Form von Verbesserungsvorschlägen. Das Vorschlagswesen ist ein Mittel, zu überlegtem, manchmal sogar härterem Arbeiten. Damit erreicht Kaizen, dass die Arbeiter Veränderungen und Verbesserungen ihrer eigenen Arbeitsweise leichter fallen, somit weniger Hemmschwellen bei Korrekturen zu überwinden sind.[101]

Jeder dieser drei Dimensionen hat spezifische Verantwortlichkeiten und Aufgaben, die alle zum dem großartigen Gesamterfolg des Kaizen-Systems beitragen.[102]

[100] Ibid., S. 131
[101] Schwager (1997), S. 132; Imai (1992), S. 111-112; 144
[102] Schwager (1997), S. 132

Abbildung 7: Die Hierarchie der Beteiligung an Kaizen

Top Management	Mittleres Management und Stab	Meister	Arbeiter
Einführung von Kaizen als grundlegende Strategie	Entwicklung und Durchsetzung der vom Top-Management entwickelten Zielsetzungen durch verbreitende Maßnahmen und interfunktionales Management	Funktionstüchtige Anwendung von Kaizen	Teilnahme an Kaizen durch das Vorschlagswesen oder Kleingruppenaktivitäten
Förderung und Leitung von Kaizen durch geeignete Hilfsmittel	Nutzung von Kaizen in funktionalen Systemen	Planentwicklung zur Realisierung von Kaizen und Förderung von Führungseigenschaften.	Disziplin innerhalb der Arbeitsgruppe halten
Etablierung von Policies für Kaizen und interfunktionale Ziele	Festigung, Erhaltung und Steigerung der Standards	Unterstützung von Kleingruppenaktivitäten sowie dem individuellen Vorschlagswesen	Weiterentwicklung der bewussten Auseinandersetzung mit dem Arbeitsprozess zur besseren Lösung von Problemen
Realisierung der Kaizen – Ziele durch Policy-Verbreitung und Überprüfung	Förderung des Kaizen-Bewußtseins der Arbeiter durch Trainingsprogramme	Einführung von Disziplin innerhalb der Arbeitsgruppe	Erhöhung der Fachkenntnis und Arbeitserfahrung durch weiterführende Seminare
Aufbau von Systemen, Arbeitstechniken und Strukturen entsprechend dem Kaizen-Prinzip	Hilfestellung der Arbeiter, Fähigkeiten zur Problemlösung zu entwickeln	Förderung neuer Kaizen-Ideen	

Quelle: Imai (1992), S. 29

2.2.3.1 Der managementorientierte Ansatz

Das Ergebnis aller Kaizenmaßnahmen wird stark davon abhängig sein, inwieweit sich das Management dem Kaizen verpflichtet fühlt. In Japan geht man davon aus, dass ein Manager mindestens 50 Prozent seiner Zeit der Verbesserung widmen sollte. Von Managern betriebene Kaizen-Projekte erfordern reiche Erfahrung in der Problemlösung sowie hohes professionelles und technisches Know-How. Die Verantwortlichkeit überdeckt ein sehr komplexes Aufgabengebiet in den Bereichen Logistik und Strategie. Der Manager kümmert sich um die Impulse zur Aufrechterhaltung von Fortschritt und Arbeitsmoral. Allein diese Verantwortung erfordert eine hohes Maß an Professionalität.[103]

Den hohen Stellenwert, den Kaizen erforderlich macht, um erfolgreich zu sein, ist nicht gleichzeitig eine Garantie für den Erfolg. Ein System für eine erfolgreiche Entwicklung muss alle wichtigen Prinzipien, wie Qualität, Zeit, Prozessdenken und innovatives Management beinhalten. Auch die höchsten Stufen der Führungsetagen müssen diese Prinzipien verinnerlichen. Das zentrale Anliegen muss ein systematisches Überprüfen der Zielerreichung sein, um daraus Verhaltensmuster und Maßnahmen für die Zukunft ableiten zu können, um zukünftige Probleme zu umschiffen oder gar nicht erst aufkommen zu lassen.[104]
Innerhalb des managementorientierten Ansatzes, gibt es fünf Felder, die durch das Management abgedeckt werden sollten. Diese Felder beziehen sich auf die Hauptaufgaben eines japanischen Managers: wie die Instandhaltung und Verbesserung, ein strukturiertes Ressourcenmanagement um zum Beispiel Materialbestände die ineffizient aufgebaut sind zu reduzieren, ein Innovationsmanagement, das Möglichkeiten für wichtige zukünftige Weichenstellungen zu Verbesserung Auskundschaftet. Außerdem ein Management der Unternehmenskultur, in der die Aufmerksamkeit der Mitarbeiter auf die eigene Arbeit gelenkt wird, nämlich was, wie, wann und wo gemacht werden sollte, um Verschwendungen von Material, Kapazitäten und Zeit vorzubeugen.[105]

[103] Imai (1992), S. 112-113
[104] Schwager (1996), S. 134
[105] Ibid.

Es ist nicht ungewöhnlich, dass ein managementorientiertes Kaizen in Gruppen durchgeführt wird. Trotzdem unterscheiden sich diese Gruppen von den anderen gruppenorientierten Herangehensweisen. Die so genannten Kaizen-Teams, Projektteams und ‚Task Forces' eines Unternehmens sind Gruppen, die sich meistens aus Mitarbeitern aus den Managementebenen und Angestellten rekrutieren. Die Aktivitäten selber beziehen sich eher auf Routinearbeiten im täglichen Geschäft.[106]

Wer schon einmal eine Projektgruppe geleitet hat weiß, dass es eine Herausforderung, sowohl für den Gruppenleiter als auch die Teilnehmer selbst ist. Oft arbeiten in den Gruppen Mitarbeiter aus verschiedenen Abteilungen zusammen, um Schnittstellen-probleme zu lösen.[107]

2.2.3.2 Der gruppenorientierte Ansatz

Um wettbewerbsfähig zu bleiben, ist es von fundamentaler Bedeutung sehr schnell auf Veränderungen in der Geschäftswelt zu reagieren. Daher ist es immer wichtiger, alle Eigenschaften und Fähigkeiten der Mitarbeiter und deren Erfindergeist auszuschöpfen. Jeder Mitarbeiter sollte seine Aufgaben individuell und flexibel erfüllen können.[108] Gruppenarbeit ist ein Erfolgsfaktor für Problemlösungen und die gleichzeitige Ausschöpfung von Mitarbeiterfähigkeiten. Die am Ende zu einer übergeordneten verbesserten Wettbewerbsfähigkeit und einem Wettbewerbsvorteil für eine Unternehmung führen.[109]

Gruppenorientiertes Kaizen wird in Form von Qualitäts-Zirkeln durchgeführt (QZs). QZ's sind kleine Gruppen von fünf bis zehn Mitarbeitern.[110] Die Gruppen treffen sich regelmäßig und arbeiten auf der Basis von unternehmensweiten Programmen, bezüglich der Qualitätskontrolle, Fortbildung, Wachstum, Kontrolle des operativen Geschäftes und Verbesserungen am Arbeitsplatz, Vorschläge aus. Dieser kontinuierliche Ansatz erfordert den Einsatz des PDCA- Zyklus. Probleme werden nicht nur identifiziert, sondern Gründe analysiert und Lösungen umgesetzt. Vor ihrer Anwendung werden Lösungen bewertet, um ihre Effektivität im Einsatz abzuschätzen.[111]

---

[106] Imai (1992), p. 114
[107] Ibid., S. 113
[108] Schwager (1997), S. 136-137
[109] Koboayshi (1994), S. 55-57
[110] Imai (1992), S. 126, 133

Man kann also sagen, das sich innerhalb der ,Tun'-Phase, das gesamte PDCA-Rad mindestens einmal zu drehen beginnt. Nichts desto trotz gibt es noch weitere Gruppen, die für spezielle Aufgaben auf einer nicht regelmäßigen Basis zusammenkommen können.
Diese Gruppen bestehen aus besonders geschulten Mitarbeitern, die fähig sind in der Anwendung von statistischen oder sonstigen analytischen Werkzeugen. Diese Art Gruppen gehen nach getaner Arbeit und sobald das Problem aus dem Weg geräumt wurde wieder ihre eigenen Wege.[112]

Voraussetzung für ein reibungsloses und effektives Funktionieren eines Gruppen-orientierten Kaizen ist die uneingeschränkte Unterstützung durch das Management. Die Versorgung mit allen relevanten Informationen ist die wichtigste Voraussetzung. Vorgesetzte mögen als Coach für die Gruppe arbeiten; die leitende und ausführende Gewalt haben die Mitglieder der Gruppe selbst.[113] Es ist ein gewöhnlicher Umstand, dass das Management die Mitglieder der Qualitätszirkel ermutigt, Verbesserungen eigenständig in der Gruppe durchzuführen. Das Management spricht für die Lösungen Anerkennungen aus oder vergibt Belohnungen für hervorragende Vorschläge. Dabei ist nichts wichtiger als der Gruppe eine wirkliche ,Stimme' für die Umsetzung von Verbesserungen einzuräumen.[114] Es hat sich außerdem als wirkungsvoll erwiesen, einen Kaizenbeauftragten oder Experten zu benennen, der die Gruppe nach Möglichkeit unterstützt, um nach Möglichkeiten der Verbesserung zu suchen.
Die Experten tragen zusätzlich dazu bei, dass Mitgliedern der QZ's, Kaizen leben können.[115]

Die Vorteile einer gruppenorientierten Vorgehensweise sind mehr als deutlich. Die Teilnehmer einer solchen Gruppe gewinnen wertvolle Erfahrungen, denn die Gruppen leiten sich bei der Problemlösung und der Anwendung von Techniken selbst. Diese Aufgaben würden im herkömmlichen Sinne dem Management zufallen. Bei Kaizen entwickeln die Angestellten neue Fähigkeiten und gewinnen umfassendes Wissen hinzu, welches sie zusammen mit verbesserten Arbeitsbedingungen, als Grundlage für eine bessere Teamarbeit heranziehen können.

---

[111] Ibid., S. 135
[112] Imai (1992), S. 127
[113] Schwager (1997), S. 142
[114] Imai (1992), S. 134
[115] Schwager (1997), S. 142-144

Kommunikation unter den Arbeitern und dem Management, wie auch zwischen den unterschiedlichen Generationen von Arbeitswilligen in einer Unternehmung wird auf ein neues Allzeithoch befördert. Und wenn man all diese Vorteile betrachtet, dann kann man sehr gut verstehen warum die Teilnehmer der Qualitätszirkel die Arbeit freiwillig tun.[116]

2.2.3.3 Der personenorientierte Ansatz

Das personenorientierte Kaizen ist, wie auch der gruppenorientierte Ansatz, Teil eines Ideenmanagements, das sich auf die Verbesserung des direkten Arbeitsumfeldes eines Mitarbeiters konzentriert.[117] Zuvor wurden die Ideen, Fähigkeiten und der Erfindungsreichtum der Teamarbeit beschrieben. Das personenorientierte Kaizen beginnt beim Einzelnen, sodass er gegenüber der Änderung und Verbesserung seiner eigenen Arbeitsweise eine positive Einstellung entwickeln kann.[118]

Die dritte Sparte der Kaizen-Dimension manifestiert sich im Vorschlagswesen, welches den direkten Arbeitsplatz des Mitarbeiters verbessern möchte. Das personenorientierte Kaizen beschäftigt sich hauptsächlich mit der Verbesserung der Arbeit des Mitarbeiters selbst, dem wirtschaftlichen Einsatz seiner Ressourcen, seiner administrativen Aufgaben im Unternehmen etc.[119]

Verbesserung eines Prozesses heißt nicht unbedingt, einem bequemeren Arbeitsplatz zu erhalten. Imai verdeutlicht in einem Beispiel folgendes: ein Mitarbeiter, der bisher seine Maschine im Sitzen bedient hat und nun fortan bereit ist im Stehen zu arbeiten, kann zu einer enormen Verbesserung im Ganzen führen, da der Mitarbeiter damit flexibler wird und in Zukunft mehr als eine Maschine bedienen kann. Das neue Arbeitsverhalten führt zu einer übergeordneten Verbesserung, allerdings auf Kosten einer größeren Bequemlichkeit.[120]

Das Vorschlagswesen, wie es im vorigen Kapitel beschrieben wurde ist die Kernidee des personenorientierten Ansatzes. Die Mitarbeiter sind in dem unternehmensweiten Verbesserungsprozess involviert und täglich fließen ihre Vorschläge ein. Außerdem wird ihnen Anerkennung zu teil werden, wenn sie nach weiteren Möglichkeiten, ihre direkte Arbeitsumgebung zu optimieren, suchen. Zum Beispiel werden die Namen und

---

[116] Imai (1992), S. 131, 135
[117] Ibid., S. 144
[118] Schwager (1997), S. 144
[119] Imai (1992), S. 146
[120] Ibid., S. 144

Bilder der jeweiligen Person aufgehängt, so dass jeder Mitarbeiter seinen Kollegen darauf erkennen kann.[121]

Kaizen ist eine Methodologie mit der Zielsetzung, die Prozesse eines Unternehmens von dessen Produkten auf einer kontinuierlichen Basis zu verbessern. Um dieses Ziel zu erreichen wendet es verschiedene Werkzeuge und Konzepte an. Die wichtigsten sind bereits in der 2. Abbildung aufgelistet, dem Kaizen-Schirm. Ein sehr bedeutendes Charakteristikum ist auch das Zusammenspiel zwischen Kaizen und der Innovation, beide sollten nicht alleine stehen, sondern immer paarweise auftreten. Ihre gemeinsame Umsetzung führt dazu, dass der Qualitätslevel kontinuierlich ansteigt, ohne dabei große Rückschläge in Kauf nehmen zu müssen. Kaizen stellt die Steigerung der Mitarbeiter-fähigkeiten in den Mittelpunkt eines Unternehmens. Nur so lässt sich ein überdurchschnittliches und übergeordnetes Qualitäts-Management-System aufbauen. Mitarbeiter werden nicht nur darauf bedacht sein, ihre Prozesse zu beherrschen, sondern sie entdecken Verbesserungsmöglichkeiten und stabilisieren dabei den neu erworbenen Standard.

Wenn Kaizen in die Organisation integriert wird, werden alle Mitarbeiter ein integraler Bestandteil einer mannigfaltigen Kultur und tragende Säulen der Unternehmens-entwicklung sein, und fördern damit des Paradigma eines neuen Qualitätsideals.

[121] Ibid.

2.3 Business Reengineering

„Reengineering is the fundamental rethinking and radical redesign of business processes to achieve dramatic improvements in critical, contemporary measures of performance, such as cost, quality, service and speed."
James Champy

Ist Business Reengineering eine neue Idee, um eine Unternehmung auf einen langfristigen Erfolgskurs zu bringen oder nur etwas das in einer glänzenden und neuen Verpackung Aufmerksamkeit heischt? Ist Business Reengineering mit Business Process Reengineering vergleichbar? In welchem Verhältnis steht der Begriff zu der Geschäftsprozessoptimierung? All das sind die Fragen, deren Beantwortung nun angegangen wird.

In einem kürzlich erschienenen Artikel über das Thema Veränderungsmanagement bzw. Changemanagement ist zu lesen, dass ca. 30% aller Veränderungsmaßnahmen im Unternehmen scheitern.[122] Die repräsentative Umfrage der Unternehmens- und Organisationsberatung Psychonomics AG verdeutlichte dabei, dass es in den häufigsten Fällen an mangelnden oder ungenauen Zielvorgaben, wie auch an einem unzureichenden Umgang mit den Ängsten der Mitarbeiter liegt. Überraschenderweise ergab die Umfrage außerdem, dass die Manager ihre Verantwortung für diesen Missstand einsehen! Aber wird dies etwas an dem zukünftigen Umsetzungserfolg neuer Strategien ändern?

Wie schon Heraklit von Ephesus vor 2500 Jahren verdeutlichte, ist „nichts so beständig wie der Wandel". Wandel ist die Voraussetzung für ein Unternehmertum der Zukunft. In den 30er Jahren ergaben wissenschaftliche Arbeiten und Forschungsprojekte aus der Praxis, dass die Leistungsfähigkeit der Belegschaft durch Aufmerksamkeit mehr beeinflusst wurde, als durch Änderungen der Arbeitsbedingungen. In den 50er Jahren brachte das legendäre „Harzburger Modell" dieses Gedankengut aus Amerika nach Deutschland. Die Betriebsleitung sah die Beschäftigten nicht mehr als „Untertanen", was zu einer Wandlung der Unternehmenskultur führte.

Betrachtet man das Business Reengineering als eine Veränderungsstrategie oder ganz allgemein als eine neue Management-Strategie, dann sind auch für das Business

---

[122] VDI-Nachrichten (2007), n.p.a.

Reengineering alle oben angeführten Gründe für das Fehlschlagen eines Kultur- und Unternehmenswandels von Gültigkeit. Die Gründe sind:

1. ein unzureichendes Engagement der oberen Führungsebenen.
2. unklare Zielbilder und Visionen der Veränderungsprozesse.
3. lückenhafte oder verspätete Information der Mitarbeiter.

Kein Wunder war es, dass sich - laut Studie[123] - bereits fast 50% der Mitarbeiter aller Unternehmungen von Veränderungsprozessen zurückgezogen haben und nicht mehr aktiv daran partizipieren wollt.

Zur Veranschaulichung noch einmal eine Grafik, die verdeutlichen soll, was Gründe des Scheiterns sind:

Abbildung 8: Gründe für ein Scheitern

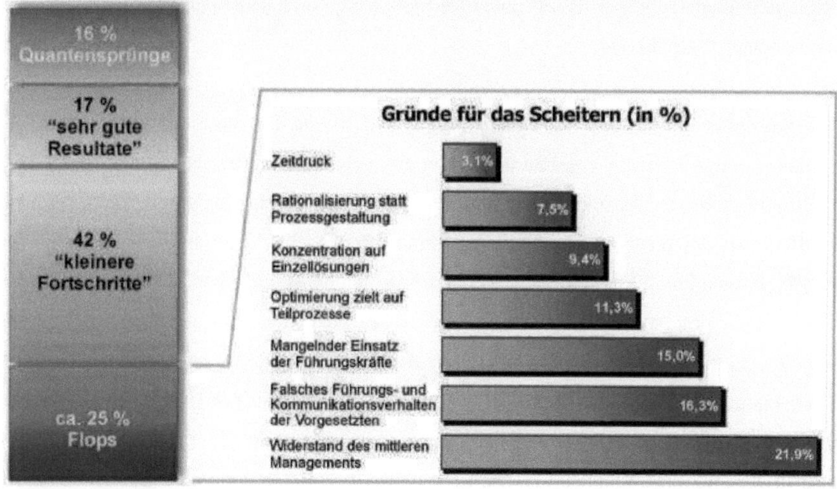

Quelle: Vehs (1999), S. 333

Wie passt Business Reengineering in diesen Zusammenhang? Was empfehlen Experten? Was sind die Fallstricke oder sollte unbedingt bei der Anwendung dieser Methode vermieden werden?

123 Umfrage auf www.greatplacetowork.de

Fangen wir, zunächst mit dem Hintergrund zum Thema Business Reengineering an.

2.3.1 Der Hintergrund

Was vor 200 Jahren an Grundsätzen zum Aufbau zur Führung und Leistung der Unternehmen bis ins zwanzigste Jahrhundert galt, wird laut der Autoren Hammer und Champy beim Business Reengineering ad acta gelegt. Die Welt heute fordert neue Grundsätze und neue Prinzipien.[124] Mitte der 80er Jahre begannen viele Unternehmen neue Ideen der Unternehmensgestaltung und Strukturierung, versuchsweise in die Praxis umzusetzen. In fast allen Fällen war, zusammen mit einer fundamentalen Organisationsentwicklung die Informationstechnologie ein wichtiger Innovator und Antreiber. Mitte der 90er Jahre wurde die MIT, dass „Management in the ′90s Research Programm" von Ohno initiiert, dessen Ergebnisse darauf hindeuteten, dass der große Nutzen der Informationstechnologie nur dann zum Tragen kommt, wenn diese nicht nur zur Automatisierung der Unternehmensprozesse, sondern zur Neugestaltung eingesetzt wird. Unter vielen Ansätzen einer neuen Führungsstrategie hebt sich das Business Reengineering durch seine einzigartigen Merkmale in besonderer Weise hervor.

Ausgangspunkt aller neuen Management-Methoden ist die Diagnose, dass sich die Welt verändert. Heute ist nichts konstant und schon gar nicht alles vorhersehbar. Kundenaufträge, Marktwachstum oder Produktlebenszyklus, das Tempo einer technologischen Wandlung oder die Merkmale des Wettbewerbs unterliegen immer kürzeren Zyklen. Was durch Adam Smiths Wirtschaftstheorien 200 Jahre lang geprägt war und was sich bei Henry Ford in der Massenproduktion wieder fand, gehört spätestens jetzt der Vergangenheit an.[125] Eine Situation die früher eine Aufteilung in kleinste Aufgabenzuweisungen erforderte, wird heute – im postindustriellen Zeitalter – zu einer zusammenhängenden Aufgabe, die wieder kohärente Unternehmensprozesse schaffen.[126] Business Reengineering ist die Methode hierzu. Es beruht auf den gleichen Eigenschaften, welche die Wirtschaft seit jeher zu großartigen Innovationen geführt hat: Individualität, Eigenständigkeit, Risikofreudigkeit und Wandlungsfähigkeit. Nach Champy und Hammer gibt es hiernach drei Kräfte, welche die Unternehmen vorantreiben. Diese Kräfte machen Menschen Angst und Mut zugleich, denn das Terrain auf dem gespielt wird, ist jedem unbekannt: Es ist der Kunde, der Wettbewerb und der Wandel selbst.

[124] Hammer/Champy (1994), S. 11
[125] Ibid., S. 15
[126] Ibid., S. 12

Heute hat der Kunde einen Wandel vollzogen und gestaltete eine vom Käufer dominierte Marksituation. Der Kunde sagt, was er will, wann er es will, wie er es will und was er zu zahlen bereit ist.[127] Der Wettbewerb ist um ein Vielfaches intensiver geworden. Ein Produkt oder eine Dienstleistung in annehmbarer Qualität zum günstigsten Preis, wollte vor wenigen Jahren noch jeder haben. Heute nicht mehr. Es gibt mehr Konkurrenten und diversifizierte Wettbewerbsformen. Nischenanbieter haben nahezu alle Märkte verändert, Newcomer, die sich nicht an die gewohnten Spielregeln halten, können mit der nächsten Produkt- oder Dienstleistungsgeneration auf den Markt vorstoßen. Auch die Technologie verändert den Wettbewerb laufend. Der Wandel wird zur Konstante. So haben sich nicht nur die Kunden und die Form des Wettbewerbs verändert, auch die Qualität der Veränderung selbst hat sich gewandelt. Wandel wurde zur Gewohnheit und ist heute die Norm. Der Wandel hat sich beschleunigt; sein Tempo treibt die Innovation voran. Der Lebenszyklus von Produkten und Dienstleistungen ist kürzer geworden, und zudem hat sich auch die Zeit verkürzt, die für die Entwicklung und Einführung neuer Produkte zur Verfügung steht. Diese drei Kräfte, der Kunde, Wettbewerb und der Wandel, haben nachhaltig die Geschäftswelt verändert. Es wird immer deutlicher, dass Betriebe die in einer Welt mit Massenproduktion, Stabilität und Wachstum prächtig gediehen, im heutigen Umfeld, das Flexibilität und rasche Reaktionsfähigkeit verlangt, nicht erfolgreich sein können. „Das Problem vieler Unternehmen besteht darin, dass sie an der Schwelle zum 21. Jahrhundert die Bürde eines organisatorischen Aufbaus zu tragen haben, die im neunzehnten Jahrhundert entstanden und im Zwanzigsten gute Dienste geleistet haben“.[128]

2.3.2 Das Konzept

Wenn das Business Reengineering nach Hammer und Champy in kurzen Worten definiert werden müsste, dann bedeutet Business Reengineering: „ganz von vorne anfangen“. Es bedeutet, nicht an vorhandenen Abläufen herumzuexperimentieren oder nur inkrementelle Veränderungen durchzuführen, d.h. die konstituierenden Strukturen unangetastet lassen, sondern beim Business Reengineering sollen altbekannte Vorgehensweisen aufgegeben und die eigentliche Arbeit am Produkt oder Prozess aus einem neuen Blickwinkel betrachtet werden. Es bedeutet Umbau statt Anbau. Dem Kunden wird ein Wert geschaffen.[129] Die Business Reengineering Methode stellt sich folgende Frage: „Wenn ich dieses Unternehmen

[127] Hammer/Champy (1994), S. 33
[128] Ibid., S. 50
[129] Karsten Füser (2007), S. 128

heute mit meinem jetzigen Wissen und gegenwärtigem Stand der Technik neu gründen müsste, wie würde es dann aussehen?“[130]

Übersetzt man die Definition von Hammer und Champy aus dem Englischen, dann ist: Business Reengineering das *fundamentale* Überdenken und ein *radikales* Redesign von Unternehmen oder wesentlichen Unternehmensprozessen. Das Resultat führt zu messbaren Verbesserungen um Größenordnungen in entscheidenden Bereichen bei Kosten, Qualität, Service und Zeit. Im Gegensatz zum Business Process Reengineering, das partielle Abläufe, wie zum Beispiel die Neugestaltung der Auftragsabwicklung oder der Kundenbetreuung auslöst, ist das Business Reengineering für die Neuordnung des gesamten Unternehmens zuständig.[131] Es geht letztlich um die optimierende Koordination aller im Unternehmen ablaufenden Prozesse.

Die genannte Definition enthält vier Schlüsselwörter:

1. **fundamental:** das heißt die Geschäftsleute müssen sich die Frage stellen, warum machen wir die Dinge, die wir tun? Und warum machen wir sie auf diese Art und Weise? Eine beispielhafte Frage würde nicht lauten: Können wird die Kreditwürdigkeit unserer Kunden wirksamer überprüfen? Denn diese Frage beruht einfach und schlicht nur auf der Annahme, dass jeder Kunde überprüft werden sollte. Die Frage muss lauten: Warum überprüfen wir jeden Kunden und ist es demnach überhaupt notwendig die Kunden zu prüfen? Business Reengineering ignoriert was ist und konzentriert sich auf das was sein sollte.

2. **radikal:** Im Lateinischen heißt „radix“ so viel wie „Wurzel“, das heißt man geht den Dingen auf den Grund und orientiert sich an den Bedürfnissen des Kunden und schaut niemals nach Vergangenem. Ist-Prozesse sind demnach nur von sekundärer Bedeutung. Business Reengineering verbessert nicht die Geschäftsabläufe, erweitert oder modifiziert sie, sondern das gesamte Unternehmen bekommt eine neue Gestalt.

3. **Verbesserung um Größenordnungen:** Im Business Reengineering geht es um Leistungsverbesserungen ab 30 Prozentpunkte aufwärts. Unternehmen die in einer

[130] Hammer/Champy (1994), S. 47
[131] K.W. Otten, (1994), S. 62-67

„10% - Klemme“[132] stecken bedürfen nicht des Business Reengineerings. Hier reichen konventionelle Methoden und Vorgehensweisen, wie zum Beispiel das Einführen einer alternativen Qualitätsinitiative. Reengineering hingegen ist für Betriebe gedacht, in denen schwere Geschütze aufgefahren werden, welche die Zerstörung von etwas Altem und den Aufbau von etwas Neuem vorantreiben sollte.[133]

4. **Unternehmensprozesse:** die Unternehmensprozesse sind das Wichtigste und gleichzeitig dasjenige Schlüsselwort, das die größten Schwierigkeiten birgt. Die meisten Manager richten ihr Hauptaugenmerk auf Aufgaben, Positionen, Menschen und Strukturen, nicht aber auf Prozesse. Und was ist ein Unternehmensprozess? Es ist ein Bündel von Aktivitäten, für die ein oder mehrere Inputs benötigt werden die den Kunden ein Ergebnis von Wert erzeugen.

Die Kernelemente der Strategie sind somit:

Abbildung 9: Kernelemente des Business Reengineering

Reengineering ist...

Kernprozess-orientiert
... konzentriert sich auf die aus Kundensicht wertschöpfenden Kernprozesse statt auf die funktionalen Abläufe.

Kunden-orientiert
... stellt den externen und internen Kunden in den Mittelpunkt aller Überlegungen.

Tiefgreifend
... stellt die bestehenden Abläufe radikal in Frage („Grüne-Wiese-Ansatz“), um deutliche Verbesserungen zu erzielen.

Ganzheitlich
... richtet Strukturen, Mitarbeiter und Spielregeln auf die neuen Prozesse aus.

EDV-unterstützt
... nutzt alle Möglichkeiten der Informations- und Kommunikationstechnologien bei der Gestaltung und Umsetzung der neuen Kernprozesse.

Quelle: Beyer (1997), S. 167

Dem Leser möchte ich in den nun folgenden 5 Absätzen weitere Einblicke verschaffen.

132 wenn zum Beispiel ein Unternehmen 10% hinter seinen Gewinnprognosen steht, oder die Kosten um 10% zu hoch sind oder die Qualität um 10% zu niedrig ausfällt.
133 Hammer/Champy (1994), S. 50

Kerngeschäftsprozesse: man versteht darunter eine Reihe von strukturierten Aktivitäten, die für den Kunden zu einem wert- und nutzenvollen Ergebnis führen sollen und die Wertschöpfung eines Unternehmens steigern (Wertschöpfungskette). Die Schaffung von Kundennutzen steht dabei im besonderen Blickpunkt der Business-Reengineering-Maßnahmen.

Zu den Kerngeschäften eines Unternehmens zählt man zum Beispiel die Eingangslogistik, die Produktion, den Vertrieb, die Ausgangslogistik und den Kundendienst, die durch so genannte unterstützende Prozesse wie die Beschaffung und den Einkauf begleitet werden. Im Zuge der Implementierung von Business Reengineering ist es von besonderer Bedeutung, die jeweils kritischen Geschäfts-prozesse zu identifizieren, also diejenigen, die für das Gesamtziel des Unternehmens nachhaltig und langfristig wichtig sind. Weitere Merkmale kritischer Geschäftsprozesse können zum Beispiel die hohe Bedeutung eines Prozesses für die Problemlösung und Zufriedenheit interner oder externer Kunden, die starke Auswirkung eines Prozesses auf die Produktivität oder die vergleichsweise lange Dauer eines Geschäftsprozesses sein. Je nach Unternehmensbranche sowie den angestrebten Wettbewerbszielen, wie Kostenführerschaft oder Differenzierung können im Business Reengineering andere Geschäftsprozesse eines Unternehmens als kritische Prozesse bestimmt werden.

Kernkompetenzen: Wie auch das Kaizen beruht Business Reengineering auf einigen Prinzipien, die hier erläutert werden sollen. Es handelt sich im Einzelnen um die Punkte, die sich aus den Kernelementen erschließen lassen: Zusammenfassung von mehreren Positionen, die neue Entscheidungsfreiheit der Mitarbeiter, die Prozessvarianten- und Reihenfolgen, die Arbeitsplatzeffizienz, die Überwachungs- und Kontrollinstanz, die Abstimmung der Mitarbeiter, die Case-Manager, die Frage der Dezentralisierung und Zentralisierung im Unternehmen.

Zusammenfassung der Positionen: Das grundlegende Merkmal aller radikal neu gestalteten Unternehmensprozesse ist, dass es kein Fließband mehr gibt. Die meisten der ehemals getrennten Aufgaben und Positionen werden integriert und zusammengefasst. Viele der problematischen Schnittstellen im Unternehmen, deren Aufgaben zum Beispiel von Spezialisten durchgeführt wurden, sind jetzt Bestandteil der Arbeit nur einer Person oder eines Prozess-Teams. Ein solcher Mitarbeiter hat den Überblick über den gesamten Prozess und ist der Ansprechpartner für alle Frage von Kundenseite. Im heutigen Business

Sprachgebrauch, nennt man diesen Vorgang auch ‚Job Enlargement'[134]. Ein solcher Mensch im Rahmen des Business Reengineering wird von Hammer und Champy als ‚Caseworker'[135] betitelt. In manchen Fällen mag ein Einzelner überfordert sein, dann organisiert man den Ablauf in ‚Case – Teams'[136] die dafür sorgen, dass der Vorgang komplett und simultan und kundennah abgearbeitet werden kann. Das Team ist in seiner Vollendung einer Geschäftseinheit gleichzusetzen. Jeder weiß wer für was verantwortlich ist. Die Leistungsverbesserung anhand einer Struktur mit ‚Caseworkern', ‚Caseteams' ist in der Regel 10x schneller als die fragmentierte Variante früherer Zeiten.[137]

Entscheidungsfreiheit der Mitarbeiter: Mit dem Business Reengineering komprimiert man nicht nur in horizontaler Richtung sondern auch in vertikaler Richtung (hier: ‚Job Enrichment'[138]). Mitarbeiter müssen nicht mehr in jedem Fall erst einmal den Vorgesetzten um Erlaubnis bitten, sondern können eigenständig und oft im Team Entscheidungen fällen. Diese werden Bestandteil der Arbeit und sind nicht mehr von der Arbeit abgekoppelt. Die vertikale und horizontale Komprimierung bietet weniger Verzögerungen, niedrigere Gemeinkosten, schnelle Reaktion auf Kundenwünsche, sowie Mitarbeiter, die durch ihre weitreichendere Entscheidungsbefugnis selbstverantwortlich handeln können.

Prozessreihenfolgen: Optimierte Prozesse sind von der sukzessiven Ablauffolge befreit. An die Stelle künstlich auferlegter Linearität tritt der natürliche Arbeitsablauf, indem Arbeiten simultan und ohne Verzögerung erledigt werden können. Die dadurch kürzere Zeitspanne zwischen den unterschiedlichen Phasen des Prozesses führt dazu, dass weniger weitreichende Veränderungen durchgeführt werden müssen, welche die Arbeiten am Anfang der Prozesskette irrelevant gemacht hätten. Demzufolge treten deutlich weniger Nacharbeiten auf. Prozesse sind im Business Reengineering der wichtigste kompetitive Faktor eines Unternehmens. Es gilt: nicht „process follows structure", sondern: „structure follows process"[139]

---

[134] Job Enlargement: eine horizontale Erweiterung der Aufgaben in einem Unternehmen.
[135] Case - Worker: Eine Person die in der Lage ist aufgrund schlanker Strukturen einen Geschäftsprozess alleine zu bearbeiten.
[136] Case – Teams: Eine Gruppe von Mitarbeiter, die gemeinsam einen schlanken, komplexen Geschäftsprozess bearbeiten.
[137] Hammer/Champy (1994), S. 74
[138] Job-Enrichment: Bezeichnung für eine Aufgabenanreicherung hinsichtlich Planungs-, Kontroll,- und Entscheidungsaufgaben
[139] Karsten Füser (2007), S. 131

Prozessvarianten: Ein viertes Prinzip könnte das Ende der Standardisierung bedeuten. Gleicher Input, gleicher Output galt insbesondere für die Massenproduktion. Heute führt der Weg zu mehreren Prozessvariablen- oder Alternativen, über die so genannte „Triage“: Es ist ein Ansatz zur Bestimmung derjenigen Variablen, die sich am besten für eine gegebene Situation eignet. IBM zum Beispiel setzt eine solche Dreiteilung ein für drei verschiedene Versionen des Kreditgewährungsverfahrens: einfach Fälle (die vollständig per Computer bearbeitet werden), Fälle mit mittelmäßigem Schwierigkeitsgrad (die der „Deal Structurer“[140] übernimmt) und schwierige Fälle (in denen der „Deal Structurer“ Spezialisten als Berater hinzuzieht). So öffnet dieses Triage-Prinzip, mit im vor hinein bestimmten Schwellenwerten, eine rasche und schnelle Einstellungs-, Einordnungs- und Bearbeitungsmöglichkeit für sämtliche Herausforderungen in der Kunden-Lieferantenbeziehung. Wird alles über einen Kamm geschoren, erfordert dies in hohem Maße Sonderregelungen und spezielle Prozeduren, die die Vorgänge im Unternehmen, wie aus der Vergangenheit bekannt, nur noch komplexer und langsamer werden lassen.

Arbeitsplatzeffizienz: Eine von Hammer und Champy durchgeführte Studie ergab, dass in einem Unternehmen der Kauf von Batterien im Wert von 3 Euro interne Kosten in Höhe von 100 Dollar erforderlich machte. Die Studie ergab ferner, dass 35 Prozent der Kaufaufträge auf Beträge unter 500 Dollar entfielen. Diese hohen Kosten beruhten darauf, dass die Abteilung, die die Teile benötigte, dies über den zentralen Einkauf erledigen musste, dieser seinem Standardablauf folgte und schließlich erst nach einiger Verzögerung die Ware in der Fertigung landete. Nach eingehender Optimierung gelang es diesem Unternehmen die Kosten der Bestellung auf deutlich unter 100 Euro zu senken. Schon allein die Verlagerung des Bestellprozesses auf den Prozesskunden brachte enorme Einsparungen. Dabei wurden Übergabeprozeduren und Gemeinkosten, wie auch sonstige Kosten gesenkt. Mit anderen Worten: Aufgaben beim Business Reengineering können nach der Umsetzung ganz anders auf die einzelnen Organisationseinheiten verteilt sein als zuvor. Während heute viel Zeit darauf verwendet wird, die Koordination zusammenhängender Arbeitsgänge, die jedoch von getrennten Organisationseinheiten durchgeführt werden, zu verbessern, entfällt dies bei der schnittstellenüberschreitenden Neuverteilung der Arbeit fast gänzlich.

Überwachung- und Kontrollinstanz: Auch diese nicht wertschöpfende Tätigkeit wird beim Business Reengineering auf ein Mindestmaß beschränkt. Nur was wirtschaftlich sinnvoll ist,

[140] Deal Structurer: Eine Mitarbeiter bei IBM Credit, der in 90% der Fälle die komplette Abwicklung einer Kreditgewährung durchführen kann.

bleibt als Kontrollmaßnahme erhalten. Herkömmliche Kontrollmaßnahmen verschlingen eine Unmenge an Geldern. Dabei überschreitet der Wert der Kontrolle nicht selten den Wert der Ware selbst. Business Reengineering verringert die Kosten dramatisch. Es besteht nur auf die Kontrollen, die einem pauschalen Charakter gleichen und eher Nachkontrollen darstellen, als Einzelkontrollen. Ein möglicher Anstieg der Missbrauchsquote wird durch die wesentliche Verringerung der mit der Kontrolle verbundenen Gesamtkosten und anderer Belastungen leicht wieder wettgemacht.[141] Versicherungen für Autoschäden stellen heute für kleinere Schäden in den häufigsten Fällen sofort eine bestimmte Summe bereit, ohne dabei auf einen Schadensregulierer zu pochen. Ihr Kontrollmechanismus ist lediglich, dass sie in regelmäßigen Abständen die Rechnungen der Werkstätten prüfen, indem sie die Verhaltensmuster mit maßgeblichen Standardpraktiken anderer Autowerkstätten vergleichen. Richtet eine Werkstatt allzu häufig die vorderen Karosserieteile aus, dann erhält sie eine Warnung. Höhere Kosten aufgrund eines kurzfristigen Systemmissbrauchs werden in Kauf genommen. Ein strafferer Schadensregulierungsprozess wäre hingegen teurer und macht den Kunden aufgrund der längeren Wartezeiten nicht gerade glücklicher.

Abstimmung der Mitarbeiter bzw. Verringerung der Kontaktpunkte: Das Abgleichen etwaiger Unstimmigkeiten wird nach dem Business Reengineering auf eine Minimum beschränkt. Grund hierfür ist die verringerte Anzahl von externen Kontaktpunkten im Unternehmensprozess. Gab es vorher zum Beispiel bei einem Abrechnungsprozess drei Kontaktpunkte zum Lieferanten, das heißt: im Einkauf, im Wareneingang und in der Kreditorenbuchhaltung, so konnte beispielhaft die Rechnung im Bereich des Wareneingangs abgeschafft werden und damit fiel mindestens ein Kontaktpunkt weg. Es sank damit die Anzahl der möglichen Fehlerquellen um 1/3. Heute findet man dieses Prinzip häufig in der Lagerhaltung wieder, indem Lieferanten durch ein Liefer- und Logistikzentrum (LLZ) an den Produktionshallen des Herstellers solange für die Einzelteile verantwortlich sind, bis der Hersteller die Ware tatsächlich gebraucht hat. Schnittstellen im Abrechnungsprozess fallen weg und es konzentriert sich jeder auf das, was er am besten kann, der eine auf Lager- und Logistiktätigkeiten, der andere auf Produktionstätigkeiten.

Case-Manager: eine weiteres durchgängiges Merkmal das nach der Optimierung durch Business Reengineering auftritt, ist der Case-Manager. Werden Abläufe und Prozesse zu komplex als das sie vom Caseworker oder Caseteams bearbeitet werden können, fungiert der

[141] Hammer/Champy (1994), S. 81

Casemanager als Puffer zwischen dem Kunden und dem Prozessteam. Dabei ist er nicht unbedingt verantwortlich für den Prozess, jedoch besitzt er alle notwendigen Informationen und das Know-How, um unterstützend und beratend an der Seite seines Teams oder des Kunden zu stehen. Solche Case-Manager schirmen bei sehr schwierigen Vorgängen den Kunden vor der Komplexität des Ablaufs ab und vermitteln ihm gleichzeitig das Gefühl, er sei integraler Bestandteil seines Auftrages.

Dezentralisierung und Zentralisierung: Nach dem Vorgang des Business Reengineerings nutzt man sowohl zentrale, als auch dezentrale Aspekte einer integrierten Ablauffolge. Hierbei spielt die Informationstechnologie eine entscheidende Rolle, indem sie den Geschäftseinheiten erlaubt weitgehend autonom vor Ort zu arbeiten, andererseits aber die durch die Zentralisierung resultierenden Betriebsgrößenvorteile zu nutzen und als Gesamtheit eines Unternehmens davon zu profitieren.

Die angeführten Prinzipien und feststellbaren Merkmale im Zuge eines Business Reengineering Strategiewechsels, sind weder immer gleich wiederkehrende Elemente noch ist die Umsetzung ein Kinderspiel. In der Praxis verlangt das Redesign eines Unternehmensprozesses Einsicht, Kreativität und Urteilsvermögen. Diese Eigenschaften sind auch nötig für die weitere Gestaltung der Arbeitsstellen und Organisations-strukturen, die den neuen Unternehmensprozess unterstützen sollen. Aus diesem Grund geht der Autor im folgenden Kapitel auf die Auswirkung und Veränderung der Unternehmenskultur durch Business Reengineering ein.

2.3.3 Die Dimensionen:

Was im Business Reengineering zum radikalen Redesign der Unternehmensprozesse gehört, ist nur der erste Schritt und wirklich nur der mögliche Anfang dieser Strategie. Fundamentale Veränderungen haben auch Auswirkungen auf viele andere Teilbereiche und Aspekte einer Firma – de facto auf alle Teile des Unternehmens. Eine genauere Betrachtung der dimensionalen Veränderungen findet man in den nachfolgenden Absätzen.

Was die managementorientierten Ansätze angehen, so gilt:

1. **dass die Entlohnung nicht nach Tätigkeiten, sondern nach Ergebnissen erfolgt:** In konventionellen Betrieben ist die Entlohnung der Beschäftigten relativ einfach geregelt: Sie beruht auf der abgeleisteten Arbeitszeit. Die einzelnen Tätigkeiten haben keinen Einzelwert und die Leistung eines Mitarbeiters ist daher oft nur unzureichend messbar. Gelingt dies in konventionellen Unternehmen doch, dann wird in der Regel nur die Effizienz des abgesteckten Arbeitsumfanges gemessen. Bedauerlicherweise ist Effizienz für den abgegrenzten Bereich aber nicht gleichbedeutend mit einer Produktivitätssteigerung des gesamten Unternehmensprozesses. Ein Caseworker, Caseteam oder Casemanager hingegen kann an dem Abschluss von Versicherungen und der Qualität des Abschlusses gemessen werden, indem zum Beispiel Kundenbefragungen durchgeführt werden. Der Mitarbeiter erzeugt damit Werte, die messbar sind, wie zum Beispiel die Anzahl der durchgeführten Kundenkontrakte. Diese Umstrukturierung erfordert allerdings, dass das Vergütungssystem neu strukturiert wird. Das Grundgehalt bleibt unter der Berücksichtigung von inflationären Bereinigungen gleich, während überdurchschnittliche Leistung durch Prämien wettgemacht wird. Gehaltserhöhungen spielen hier keine Rolle. Diese Anreize finden sich in den alten Systemen aufgrund längerer Betriebszugehörigkeit oder einer höheren Position oder aufgrund des Budgets oder der Anzahl der Mitarbeiter wieder, sind allerdings mit dem Business Reengineering Ansatz unvereinbar. Nicht der Chairmen einer Investment-Bank generiert das höchste Einkommen, sondern der Star unter den Renten- oder Devisenhändlern erarbeitet sich die höchsten Einnahmen. Die Leistung und die damit verbundene Entlohnung wird somit an der Wertschöpfung eines jeden gemessen.

2. **Beförderungskriterien sind Fähigkeiten, nicht Betriebszugehörigkeit und/oder die Leistung des Einzelnen selbst:** Prämien sind eine angemessene Belohnung für besonders gute Arbeitsleistung, Beförderung in eine neue Position hingegen nicht. Business Reengineering zieht eine klare Grenze zwischen Aufstieg und Leistung. Eine Beförderung hängt von den Fähigkeiten, nicht von der Leistung des betreffenden Mitarbeiters ab. Sie stellt eine Veränderung und keine Belohnung dar. Progressive Insurance zum Beispiel scheint dieser Grundsatz so wichtig, dass es im Jahresbericht der Versicherung Erwähnung findet. So ist dort zu lesen: „Einer unserer wesentlichen

Grundsätze ist, dass wir nach Leistung bezahlen und nach Fähigkeiten befördern."[142] Wird ein guter Chemiker gleichzeitig auch ein guter Manager für Chemiker sein? Nein, denn das Unternehmen läuft hier Gefahr einen guten Chemiker zu verlieren und sich dafür einen schlechten Manager einzuhandeln. Pamela Godwin, Senior Vice President von der Direct Response Group einer Versicherungstochter der Capital Holding meint: „Wir haben die Ergebnisbeurteilung, auf deren Grundlage wir die Vergütung unserer Arbeitnehmer berechnen, von der Entwicklungsbeurteilung getrennt" Auf diese Weise können wir sogar Mitarbeiter, die herausragende Ergebnisse erzielt haben, zu dem Eingeständnis bewegen, dass sie sich weiterbilden müssen. Durch die Trennung dieser beiden Beurteilungskriterien können wir unseren Mitarbeitern helfen, sich den Unterschied zu vergegenwärtigen."[143]

3. **Hierarchien weichen flachen Strukturen:** Entscheidungen und ressortübergreifende Fragen werden in Zukunft von den Teams im Rahmen ihrer normalen Tätigkeiten getroffen. Was früher Meetings von Managern und noch höherrangigen Vorgesetzten erforderlich machte, schaffen heute Prozessteams in ihrer täglichen Arbeit. Noch in der heutigen Zeit geht in konventionell geführten Unternehmen viel Energie in das Design von Organisationen, denn die organisatorische Gestalt beeinflusst viele Aspekte im Unternehmen, von der Arbeitsorganisation bis hin zu den Kontrollmechanismen der Organisation und den Leistungsüberwachungen der Mitarbeiter. Die Organisationsstrukturen definieren die Kommunikationskanäle im Unternehmen sowie die Entscheidungshierarchie. Nach dem Business Reengineering spielt die Organisationsstruktur nur noch eine untergeordnete Rolle, die Arbeit ist auf der Grundlage von Unternehmensprozessen und Teams organisiert, die sich in wesentlichen aus gleichberechtigten Kollegen zusammensetzen, die mit hohem Autonomiegrad und der Unterstützung einiger weniger Manager tätig werden. Stephen Israel, Senior Vice President bei IBM Credit beantwortet die Frage nach seinem Organigramm nach dem Business Reengineering so: „Wir haben zwar eins, aber wir schauen es nie an."[144] Die Bedeutung der Organisationsform nimmt nach dem Business Reengineering erheblich ab.

[142] Hammer/Champy (1994), S. 101
[143] Hammer/Champy (1994), S. 102
[144] Ibid., 107

4. **Manager werden Führungspersönlichkeiten statt Punktezähler:** Business Reengineering bietet die Chance und zeigt die Notwendigkeit eines Rollenwandels in den Leitungsebenen eines Unternehmens. Flache Hierarchien bringt die Unternehmensleitung dem Kunden und den wertschöpfenden Mitarbeitern näher. Nach dem Business Reengineering hängt die erfolgreiche Arbeitsleistung in weit aus stärkerem Maße von den Einstellungen und Bemühungen der selbstverantwortlichen Mitarbeiter ab, als von den Handlungen aufgabenorientierter Funktionsmanager. Das obere Management trägt die Verantwortung für die Prozessleistung der Mitarbeiter, ohne dabei direkte Kontrolle auf die Mitarbeiter auszuüben. Die Manager nehmen die Verantwortung wahr und sorgen dafür, dass die Prozesse so konzipiert sind, dass die Mitarbeiter die erforderlichen Aufgaben erfüllen können und von den Managementsystemen des Unternehmens entsprechend motiviert werden. Leitende Führungskräfte sind aus diesem Grund weitaus mehr als nur Erbsenzähler, sie sind Coach und Motivator und wirken direkt am operativen Geschehen mit.

5. **Kontrolle weicht dem Empowerment:** Ein konventionelles Unternehmen erwartet vom Mitarbeiter, dass er sich an die Vorschriften hält. Business Reengineering verlangt aber von seinen Mitarbeitern, dass sie sich gerade nicht an diese Regeln halten, sondern eigene Regeln aus verantwortlicher Perspektive gegenüber dem Kunden aufstellen. Überträgt das Management einem Team die Verantwortung für einen vollständigen Unternehmensprozess, so muss das Team auch in der Lage sein, bei der Erfüllung dieser Aufgaben anstehende Entscheidungen treffen zu können. Ein selbstverantwortliches Handeln mit weitreichender Entscheidungsbefugnis zeigt folgendes Beispiel aus einer bekannten Hotelkette. Ein Gast beschwert sich bei einem Portier, dass ihm in der Hotelgarage ein Radardetektor entwendet wurde. Der Portier, der ermächtigt war, jeden Kundenservice zu leisten fragte, wie viel Geld das Gerät gekostet habe, ging sodann mit dem Gast an die Rezeption und wies die Empfangs-mitarbeiter an, dem Gast 150 Euro auszuzahlen. Alle schluckten doch der Gast war zufrieden. Zwei Wochen später erhielt der Geschäftsführer des Hotels einen Brief, in dem der besagte Gast mitteilte, er habe seinen Radardetektor im Kofferraum seines Wagens gefunden. Der Umschlag enthielt auch den Scheck über 150 Euro. Außerdem stand im Postskriptum des Briefs: „ Übrigens, ich werde in meinem ganzen Leben niemals wieder bei einer anderen Hotelkette absteigen.“[145] Empowerment ist

[145] Hammer/Champy (1994), S. 97

zwangsläufig Bestandteil des Business Reengineering. Wartet eine Prozessteam oder ein so genannter Caseworker auf die Vorgaben von Vorgesetzten, handelt es sich nicht um echte Prozessteams. Damit ist klar, ein optimaler Mitarbeiter braucht nicht nur gute Zeugnisse und sonstige Fertigkeiten, der Charakter der Bewerber zählt mindestens genauso; Hierzu zählen insbesondere Eigeninitiative, Selbstdisziplin und Eigenmotivation um die Wünsche des Kunden im Höchstmaß befriedigen zu können. Mitarbeiterrekrutierungsvorgänge durchleben aufgrund einer Business-Reengineering-Initiative weitreichende Veränderungen.

Was die gruppenorientierten Ansätze angehen so gilt:

6. **aus Fachabteilungen werden Prozessteams:** Arbeit, die früher in winzige Einzelschritte aufgegliedert wurde, wird wieder zu einem Ganzen zusammengefügt. Prozessteams, die zusammen einen vollständigen Unternehmensprozess durchführen, sind die logische Organisationsform. Sie ersetzen damit die alten funktionsorientierten Organisationsformen. Prozessteams ergeben sich aus den ehemals künstlich zerrissenen Gruppen und Mitarbeitern eines Unternehmens und sorgen auf eine ganz natürlich Art und Weise für die Umsetzung eines kompletten Unternehmensprozesses. Prozessteams können ganz unterschiedlich aussehen. Da gibt es die „Caseteams", in denen Mitarbeiter mit unterschiedlichen Fähigkeiten miteinander arbeiten, um wiederholt vorkommende Routinearbeiten zu erledigen, wie zum Beispiel das Bearbeiten eines Versicherungsfalles. Andere Prozess-teams wiederum bleiben nur solange zusammen, wie es das Erfüllen einer einmaligen Aufgabe erforderlich macht. Hammer und Champy nennen diese Teams auch „virtuelle Teams".
   Bei einfacheren Vorgängen reicht auch oft ein Caseworker, ein Mitarbeiter, der alle Vorgänge alleine erledigen kann. IBM Credit zum Beispiel setzte einen Caseworker ein, da sie feststellten, dass bei Bereitstellung eines Online-Datensystems 90 Prozent der Arbeiten auch von einer Person durchführbar ist.

Was die personenorientierten Ansätze angehen so gilt:

1. **Einzelne Aufgaben werden durch multidimensionale Berufsbilder ersetzt:** Mitarbeiter, die sich gemeinsam die Verantwortung für den gesamten Prozess teilen und nicht nur für einzelne Arbeitsgänge zuständig sind, haben ein völlig anderes Berufsbild. Sie müssen nicht nur eine breitere Palette von Fähigkeiten besitzen,

sondern brauchen auch einen weitaus größeren Gesamtüberblick. Die Grenzen von Zugehörigkeiten verwischen sich. Jeder Teammitarbeiter wird zumindest in groben Zügen mit allen Prozessschritten vertraut sein und wohl auch mehrere Arbeitsgänge durchführen können. Alle Aktivitäten der einzelnen Mitarbeiter gehen von einem Verständnis des Gesamtprozesses aus. Je multidimensionaler die Arbeit wird, desto substantieller wird sie auch. Business Reengineering bereitet nicht nur der Vergeudung von Ressourcen ein Ende, sondern eliminiert Tätigkeiten, die nicht zur Wertschöpfung beitragen. Es macht Kontrollen, Abstimmungsarbeiten, Wartezeiten, Überwachungsfunktionen und Nachforschungen weitgehend entbehrlich – jene unproduktiven Tätigkeiten, die zur Überwindung interner organisatorischer Grenzen und zur Kompensation der Prozessfragmentierung erforderlich sind.[146] Dem Mitarbeiter steht mehr Zeit für die eigentliche Arbeit zur Verfügung. Mitarbeiter, die für den ganzen Unternehmensprozess verantwortlich sind, erleben ähnliche Herausforderungen und genießen ähnliche Vorzüge wie der Unternehmer selbst. Ihr Fokus ist auf den Kunden gerichtet, deren Zufriedenheit ihnen am Herzen liegt. Sie versuchen nicht einfach nur, den Chef bei Laune zu halten oder sich durch die Bürokratie hindurch zu kämpfen. Selbstverständlich stellt dieses neue Arbeitsumfeld eine enorme Herausforderung für jeden dar. Befriedigendere Arbeit ist gleichzeitig auch anspruchsvoller und bringt einen öfters an die persönlichen Grenzen. Viele der alten Routinetätigkeiten werden schlicht abgeschafft oder automatisiert. So bleiben nach dem Business Reengineering nur noch wenige simple Routine-tätigkeiten für ungelernte Kräfte übrig.

2. **Aus- und Weiterbildung löst reines Anlernen ab:** Wenn man von seinen Mitarbeitern erwartet, dass sie nicht nur Regeln befolgen, sondern statt dessen die richtigen Entscheidungen aufgrund ihres Urteilsvermögens fällen, müssen diese Menschen so ausgebildet sein, dass sie die richtige Vorgehensweise erkennen können. Bei konventionellen Unternehmen steht das Einlernen und Anlernen im Vordergrund. Bei Business Reengineering geht es vor allem um die Aus- und Weiterbildung im Vordergrund. Anlernen und Einarbeiten erhöht Fertigkeiten und Kompetenzen und lehrt die Beschäftigten, wie man eine Aufgabe erfüllt. Ausgebildete Menschen verstehen, warum eine Tätigkeit ausgeführt werden muss. Es werden Mitarbeiter benötigt, die nicht in einen engen Rahmen passen, denn der Rahmen, den das Business

[146] Hammer/Champy (1994), S. 95

Reengineering vorgibt, kann nur in groben Zügen definiert werden. Unternehmen brauchen daher Menschen, die selbst einen angemessenen Rahmen abstecken können. Ihr Berufsfeld verändert sich zudem laufend. In einem von Flexibilität und Wandel geprägten Umfeld werden sich allerdings nie und nimmer Bewerber finden, die bereits alles wissen, was sie jemals in ihrer Laufbahn an Wissen sich erarbeiten müssen. Ständige, lebenslange Weiterbildung im Beruf ist somit durch das Business Reengineering erforderlich und sollte verinnerlicht werden.

3. **Positionsabsicherung weicht der Produktivität, die Wertvorstellung verändert sich:** Mitarbeiter müssen überzeugt werden, dass sie nicht nur für ihren Vorgesetzten, sondern für ihre Kunden arbeiten. Dies wird nur dann gelingen, wenn die Belohnungspraktiken im Unternehmen stimmen. Bei Xerox werden die Manager nach der gemessenen Kundenzufriedenheit bezahlt, internes Gerangel und Machtkämpfe, um Ressourcen gehört damit der Vergangenheit an. Was zählt, ist der Kunde und seine Zufriedenheit. Wertvorstellungen und Überzeugungen werden primär aber von einem Managementsystem selbst geprägt.[147] Leider finden sich immer noch viele Manager, die nur proklamieren und die Wertevorstellungen schriftlich festhalten wollen, ohne an die Umsetzung und Glaubhaftigkeit zu denken. Nutzt man allerdings flankierende Managementsysteme, wird das Papier auch etwas wert, auf dem etwas geschrieben steht. Wenn die Geschäftsleitung mit gutem Beispiel vorangeht und verkündet, es sei wichtig, sich um die Belange der Kunden zu kümmern und täglich eine Stunde mit dem Kunden telefoniert, dann mag das für den Kunden nebensächlich erscheinen, für das Unternehmen jedoch ist das von unschätzbarem Wert. Es ist ein Symbol und der Beweis dafür, dass sich das Management persönlich den Wertvorstellungen verpflichtet fühlt, deren Einhaltung es von allen Mitarbeitern erwartet. Das Wertesystem konventioneller Unternehmen ist ein Produkt aus den fragmentierten Managementsystemen und lautet vielfach:

- Meine Chef zahlt mein Gehalt: Trotz all der schönen Worte über den Dienst am Kunden lautet das wahre Ziel, den Chef zufrieden zu stimmen.
- Ich bin nur ein kleines Rädchen im Getriebe: Meine beste Strategie ist, mich möglichst unauffällig zu verhalten und ja keinen Staub aufzuwirbeln.

[147] wie zum Beispiel Vergütungssysteme oder Maßstäbe für die Leistungsbeurteilung etc.

- Je mehr Mitarbeiter mir direkt unterstellt sind, desto wichtiger bin ich: Der mit der größten Hausmacht gewinnt.
- Morgen wird es genauso sein wie heute: Es ist immer so gewesen.

Solche Wertevorstellungen sind für kundenorientierte Unternehmen tödlich. Nach dem Business Reengineering müssen sich die Glaubenssätze der Mitarbeiter ungefähr so anhören:

- Nur die Kunden zahlen unsere Gehälter: Ich muss alles tun, um sie zufriedenzustellen.
- Jede Position im Unternehmen ist wesentlich und wichtig: Mein Beitrag bewirkt etwas.
- Bloße Anwesenheit ist keine Leistung: Ich werde für den Wert bezahlt, den ich erzeuge.
- Der Schwarze Peter bleibt bei mir hängen: Ich muss die Verantwortung für Probleme auf mich nehmen und sie lösen.
- Ich bin Mitglied eines Teams: Wir gewinnen oder scheitern gemeinsam.
- Niemand weiß, was der morgige Tag bringen wird: Stetiges Lernen ist Teil meiner Arbeit.[148]

Was schließt Business Reengineering also aus? Nichts. Beim Business Reengineering wird alles im Unternehmen verändert: Mitarbeiter, Arbeitsstellen und Wertesysteme. Für diese 4 Elemente prägte Hammer und Champy den Begriff des „Geschäftssystem-Diamanten", der im folgenden Absatz beschrieben werden soll.

[148] Hammer/Champy (1994), S. 104

Abbildung 10: Der Geschäftsprozessdiamant

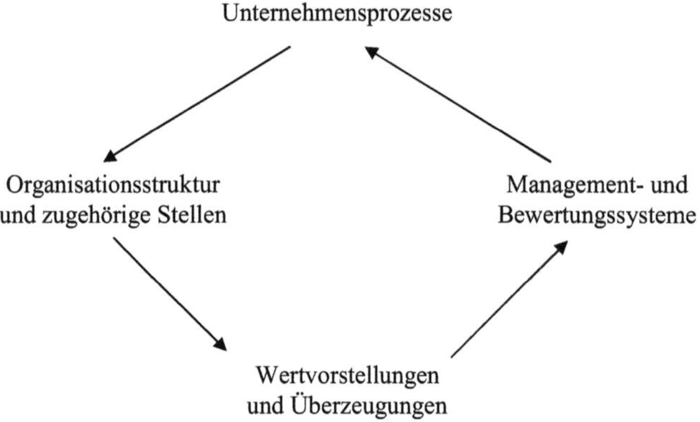

Quelle: Hammer/Champy (1994), S. 110

Die Spitze sind die Unternehmensprozesse bzw. die Arbeitsweise des Unternehmens. Das zweite Element, die Organisationsstruktur und die zugehörigen Stellen. Das Dritte die Management- und Bewertungssysteme, und das Vierte die Unternehmenskultur, ausgedrückt durch die Wertvorstellungen und Überzeugungen der Mitarbeiter. Ausschlaggebend sind die Verbindungen zwischen diesen Elementen. So bestimmt die Spitze des Geschäftssystem-Diamanten den zweiten Eckpunkt usw. Faktisch existiert in jedem Unternehmen, selbst in jenen, deren Organisationsstruktur nach herkömmlichem Muster gestrickt ist – ein solcher Geschäftssystem-Diamant. Business Reengineering sollte daher als Strategie gesehen werden, einen Diamanten, der seinen Glanz und seine Leuchtkraft verloren hat, durch einen neuen zu ersetzen.[149] Nach K.W. Otten wird Business Reengineering bei konsequenter Anwendung die Formen der Erwerbstätigkeit verändern. Aufgrund der hohen Affinität für die Informationstechnologie wird die Schaffung virtueller Unternehmen vorangetrieben. Für einen wachsenden Prozentsatz der arbeitenden Bevölkerung wird eine jährlich schwankende Teilzeitbeschäftigung bei mehreren Arbeitgebern anstelle einer festen Anstellung mit einer x-Stundenwoche treten. Diese Entwicklung entspricht der Gedankenwelt der virtuellen Unternehmen, ebenso der Wunsch nach mehr persönlichen Freiräumen, sowie der Möglichkeit der Home- bzw. Telearbeit. Hieraus resultiert bereits heute in Einzelfällen die Freiheit der Wahl des Arbeitsortes für Team-Mitarbeiter. K.W. Otten konstatiert: „Business Reengineering ist, um einen anderen Modebegriff zu gebrauchen, die Methode, die für das

[149] Hammer/Champy (1994), S. 111

erfolgreiche Management des strukturellen Wandels den Rahmen bildet, die befruchtende Infrastruktur schafft und als treibende Kraft dem Wandel die Richtung weist.“[150] Ob Business Reengineering nun eine Strategie ist, die etwas Altes neu verpackt, beantwortet Osterloh/Frost mit: „sowohl als auch“. The Economist schrieb hierzu treffend: „Business Reengineering ist ein Management-Mongrel“, das heißt eine Mischung aus bekannten Ansätzen und neuen Ideen mit japanischen und amerikanischen Elementen. Eine Meinung, der man sich unbedenklich anschließen kann.

Abbildung 11: Was kann Business Reengineering tatsächlich verbessern?

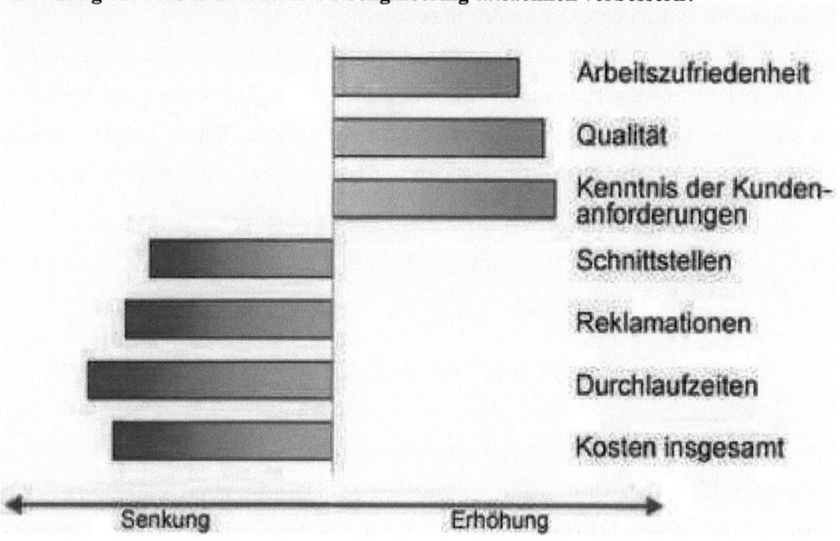

Quelle: Economics (n.d.a.), n.p.a.

[150] K.W. Otten (1994), S. 62-67

3 Qualitätsmanagement in der Praxis

„Wer meint, er ist am Ziel, der geht zurück"
Laotse

Die zwei Unternehmen, die im Zusammenhang mit Kaizen oder Business Reengineering wahrscheinlich am häufigsten erwähnt werden, sind einerseits Toyota, mit der erfolgreichen Anwendung der Kaizen-Praktiken und weniger bekannt Taco Bell, Beide Unternehmen dienten in den vorigen Kapiteln des Öfteren als Beispiel, um dem Leser den theoretischen Hintergrund beider Konzepte klar werden zu lassen.

Der folgende Abschnitt geht nun ins Detail, was die Einführung, Umsetzung und den Erfolg von Kaizen und Business Reengineering angeht. Das nun folgende Kapitel vermittelt anhand von Beispielen, wie Unternehmen die beschriebene Theorie in die Praxis umgesetzt haben.

3.1 Der Toyota Weg

„Die Lean – Küche" Karsten Füser

Während der 80er Jahre, weckte Toyota zum ersten Mal das Interesse der Welt. In dieser Zeit registrierten die europäischen und amerikanischen Märkte, dass etwas ganz Spezielles in Japan entstanden sein musste. Besonders Toyota, welches oft als „die japanischste Unternehmung der Japaner"[151] bezeichnet wurde, schien, was das Qualitätsniveau anbelangte, etwas Überragendes zu leisten. Japanische Autos hatten weniger Reparaturen, als die der amerikanischen oder europäischen Konkurrenz und die Autos von Toyota standen plötzlich, was die Beständigkeit, die Zuverlässigkeit und den Preis betraf, an erster Stelle. Das wirklich Beeindruckende aber war, dass gefundene Schwachstellen, besonders schnell ausgemerzt werden konnten und das Unternehmen daraufhin mit größerem Potential weiterarbeitete als zuvor.[152]

Toyota ist das oft erwähnte Beispiel für eine Kaizen-Erfolgsstory. Die Kaizen-Philosophie wurde in den frühen 50er Jahren von Toyota eingeführt, um eine verbesserte Effizienz zu

[151] Womack (1990), S. 49
[152] Liker (2002), S. 3

erreichen, um jegliche Verschwendung zu verringern. Die treibende Kraft für solch eine Verbesserung war Ohno, Produktionsingenieur und später leitender Direktor von Toyota und ein großer Anhänger der Kaizen-Philosophie. Ohno hatte dabei den Haupteinfluss auf die Entwicklung des heutigen Toyota Produktions-Systems.[153]

3.1.1 Das Toyota Produktions-System (Schlanke Produktion)

Das Toyota Produktionssystem (TPS) basiert auf der Philosophie, Verschwendung zu vermeiden und die allgemeine Effizienz zu steigern. Es ist ein Produktionskontrollsystem, dass über viele Jahre erstaunlich kontinuierliche Verbesserungen bei Toyota brachte. Das Hauptziel lag darin, dem Kunden das bestellte Produkt zum schnellst-möglichen Zeitpunkt und bei effektivsten innerbetrieblichen Vorgängen auszuliefern. TPS nutzt zwei Konzepte als Grundlage, die sich Jidoka und JIT Management nennen. Jidoka ist ein Konzept, das sich nahtlos in die Maschinenoperationen integriert und dafür sorgt, dass die Maschinen bei einem Fehler automatisch zum Erliegen kommen. Sobald ein Fehler erkannt wird, stoppt die Anlage automatisch. Dieses Prinzip verhindert die Produktion von fehlerhaften Teilen, die andernfalls durch aufwendige Nacharbeit und Verschwendung von Ressourcen wieder wettgemacht werden müssten. JIT hingegen hat das Ziel, nur das zu produzieren, was vom darauf folgenden Prozess gebraucht wird. Ziel ist ein kontinuierlicher Fluss von Ressourcen.[154]
TPS, das auf JIT und Jidoka aufbaut, schafft es, Automobile von überragender Qualität zu bauen, welche die meisten Kundenanforderungen erfüllen kann. TPS wird oft auch bezeichnet als ‚schlanke Produktion' oder ‚schlanke Montage' und da es so erfolgreich ist, wird es weltweit nachgeahmt und genauestens analysiert. Da TPS auch auf dem Gedanken der kontinuierlichen Verbesserung beruht, ist TPS nach wie vor kein perfektes System, vielmehr wird es selbst jeden Tag durch neue Erfahrungen weiterentwickelt.[155]

3.1.2 Die Kaizen - Praktiken

Eine kontinuierliche Verbesserungsstrategie spielte bei Toyota bereits vor der Implementierung eine Hauptrolle. Als Kaizen eingeführt wurde gab es schon andere wertvolle

[153] Subhadra (2003), S. 5
[154] Ibid.
[155] Ibid.

Qualitätssicherungsprogramme wie TPS, JIT, Kanban und Jidoka. Kaizen fügte sich nahtlos in die Phalanx der bisherigen Systeme.[156]

Die Verantwortung für die Qualitätsverbesserung bei Toyota wurde in die Hände jedes Mitarbeiters gelegt. So wurden alle Mitarbeiter angehalten, alle Vorgänge zu hinterfragen und neue Ideen auszuprobieren. Ein Aspekt des japanischen Managementstils macht, dass „Fehler willkommen" sind und nicht entschuldigt werden müssen. Sie werden als wertvoller Hinweis angesehen, das System weiter zu verbessern.[157]

Mitarbeit bei Toyota beinhaltet:

- Eine aktive Rolle in der Qualitätskontrolle spielen.
- Nutzen seiner Ideen für den aktuellen Produktionsprozess.
- Ermutigung Anderer, Kaizen in jedem Bestandteil des Geschäfts anzuwenden.[158]

Die Implementierung von Kaizen wurde, wie die meisten Praktiken bei Toyota von der Absicht vorangetrieben, Verschwendung zu eliminieren. Abbildung 12 zeigt die unterschiedlichen Arten von Verschwendung, die in einem produzierenden Unternehmen anfallen können:

Abbildung 12: Die sieben Arten der Verschwendung bei Toyota

Überproduktion
Unnötige Bewegung von Materialien und Produkten
Zu hohe Bestände
Produktion defekter Teile
Unnötige Bewegungen von Mitarbeitern
Zu lange Laufwege
Nacharbeit

Quelle: Subhadra (2003), S. 5

Um diese Verschwendungsarten zu eliminieren wurde - unter anderem - das Verbesserungswesen eingeführt und Qualitätszirkel aufgebaut. Einige westliche Unternehmen

[156] Subhadra (2003), S. 4
[157] Ibid., S. 7
[158] Ibid

folgten diesem Beispiel und glaubten die Vorteile direkt ernten zu können, indem die Mitarbeiter freiwillig ihre Ideen und ihren Erfindergeist einbrachten, um den Prozess zur Verschwendungsvermeidung voranzutreiben. Schnell wurde allerdings realisiert, dass der wahre Grund einer erfolgreichen Implementierung und eines daraus fließenden wirtschaftlichen Gewinns von den Mitarbeitern bei Toyota ausging, und den Führungskräften, also nicht alleine durch die Einführung des neuen Konzeptes. Bei Toyota sind die Führungskräfte und Ingenieure für die Implementierung von Kaizen in den diversen Produktionsphasen verantwortlich.[159]

Die Mitarbeiter werden für ihre Teilnahme am Vorschlagswesen intensiv unterstützt und belohnt. Wie bereits erwähnt, konnten 95% aller Vorschläge der Mitarbeiter bei Toyota realisiert werden.[160]

3.1.3 Die Benefits

Verschwendungsvermeidung ist eines der besten Beispiele, in welchem Kaizen bei Toyota Erfolge zeigt. Kaizen wurde genutzt, um die Durchlaufzeit (DLZ) bei Design und Produktion zu reduzieren und um ehrgeizige Kostenziele zu erreichen. Alles in allem brachte Kaizen eine enorme Kostenersparnis, wie Abbildung 13 demonstriert. Im Jahre 1993, konnte Toyota ca. 10 Millionen Yen und im Jahre 2001 bereits 107 Millionen Yen durch Qualitätsprogramme einsparen.

[159] Subhadra (2003), S. 5-6

[160] Imai (1992), S. 38

Abbildung 13: Kosteneinsparungen durch Qualitätsinitiativen und TPS bei Toyota

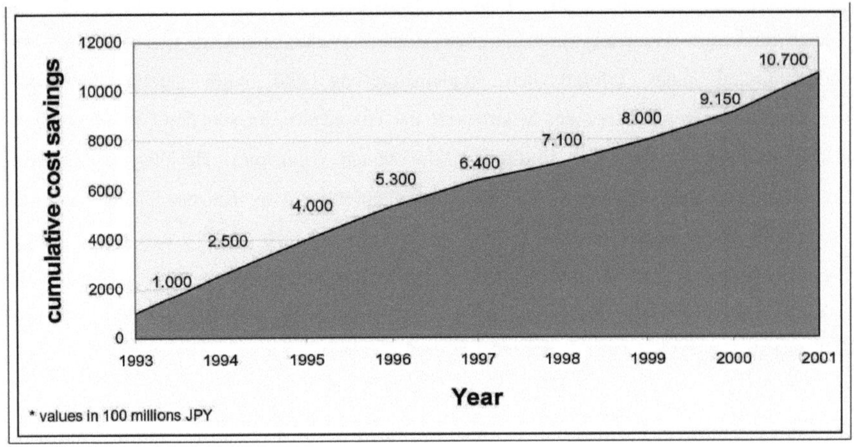

Quelle: Subhadra (2003), S. 8

Es sollte hinzugefügt werden, dass Teil der Kosteneinsparungen, die Toyota erreicht hat, selbstverständlich auch durch die schon in der Vergangenheit eingeführten Qualitätsprogramme herrühren. Trotzdem sollte nicht unterschlagen werden, dass einige Experten der Kaizen-Idee den größten Anteil am Erfolg des weltweiten Toyota-Konzerns zusprechen. Die meisten Initiativen führen zu einer verbesserten Qualität und Effektivität, und beides zusammen führt heute im neuen Jahrtausend zu den signifikanten Vorteilen von Toyota.[161]

Toyotas Automobile finden sich in allen Kundenzufriedenheitsstudien auf Top Plätzen wieder. Die diesjährige J.D. Power Kundenzufriedenheitsstudie (2008) führt Toyota unter den Top 3 Unternehmen auf. Nicht ohne Grund versuchen andere Unternehmen die Qualitätsinitiativen von Toyota zu übernehmen und nicht wenige Weltklasse-unternehmen zeigen darin schon einen beträchtlichen Erfolg.[162]

---

[161] Subhadra (2003), S. 8

[162] Ibid.

3.2 Der Business Reengineering Weg

„Nach der sanften japanischen Lean – Küche
jetzt die amerikanische Radikalkur"
Karsten Füser

Als „the hottest management concept since the quality movement" und „the greatest impact on organisational theory since Frederick W. Taylor" wurde das Reengineering angekündigt. In der Tat führten imposante Erfolgsmeldungen zu einer euphorischen Propagierung vor allem in populärwissenschaftlichen Publikationen. Gleichzeitig kam Ernüchterung auf, dass „Reengineering auch ein Hammer sein kann, der nicht immer den Nagel trifft". So begann in den vergangenen Jahren eine fundierte wissenschaftliche Diskussion und Weiterentwicklung des Business Reengineering-Konzeptes.[163]

Als Business Reengineering im Jahre 1993 offiziell mit dem von Michael Hammer und James Champy veröffentlichten Buch ‚Reengineering the Corporation', Publik wurde, erreichte dieses Konzept ein fast beispiellose Öffentlichkeitswirkung. So hatten in Amerika bereits 75 – 80% der umsatzstärksten Unternehmen Reengineeringprojekte durchgeführt und wollten diese erweitern. Forschungsberichten zufolge, investierten Unternehmen in Reengineering Beratungs- und Personalressourcen im Jahr 1994 ca. 7 Mrd. Dollar. Würden die sonstigen Investitionen wie zum Beispiel der Einkauf von neuen Technologien berücksichtigt werden, käme man auf ca. 30 Mrd. Dollar Investitionssumme allein der amerikanischen Industrie. Was die Prognosen anging, sah es nicht schlechter aus. 20% Wachstumsraten wurde dem neuen Konzept zugetraut und man kann nur erahnen, welchen Umsatz dieses Konzept bis heute erzeugt haben mag.

In der Praxis gibt es erstaunlich viele Unternehmen, die sich einer ‚Radikalkur' unterzogen haben. Darunter Namen wie IBM Corp., American Express, Siemens, AT&T, Texas Instruments und zahlreiche mittelständische und kleine Unternehmen.[164] Ein anschauliches Beispiel liefert Taco Bell, eine Tochter der PepsiCo, ein Unternehmen, angesiedelt im Bereich der Schnellrestaurantbetriebe und heute in seiner Branche führend. Man möge bei der Ausführung des Beispiels nicht vergessen, dass Reengineering in jedem Unternehmen und allen Branchen durchgeführt werden kann.

---

[163] Scholz/Müffelmann (1995), S. 77-84
[164] Hammer/Stanton (1995), S. 11-13

Als 1983 der neue CEO John E. Martin das Zepter des Unternehmens übernahm, steckte Taco Bell bereits in der Krise. Die Zahlen aus der Vergangenheit versprachen nichts Gutes und die Zukunft schien keinesfalls besser auszusehen.

3.2.1 Die Business Reengineering – Praktiken

Was Martins erste und wichtigste Entscheidung gewesen ist, war die simple, aber grundlegende Einsicht, in Zukunft dem Kunden wieder zuhören zu wollen. Als Martin seinen Posten übernahm, war Taco Bell ein Schnellrestaurant wie viele andere auch. Taco Bell war ein autoritäres Unternehmen, bei dem Kommandomanagement und Kontrolle im Vordergrund standen. Es hatte viele Führungsebenen, deren Hauptanliegen es war, die jeweils nachgeordneten Ebenen mit wachsamem Auge auf Schritt und Tritt zu beobachten. Taco Bell war zu der damals herrschenden Meinung sogar prozessbestimmt. Sie hatten Handbücher für alles und jedes und sogar solche Bücher, die erläuterten, wie Handbücher auszulegen waren. Taco Bell hatte sich im Prozess der Verarbeitung verfangen, man wollte größer, besser und komplexer werden. Leider konzentrierten sie sich bei ihren immer hektischeren Anstrengungen, auf noch so geringfügige Aspekte des Restaurantbetriebes. Jede Einzelheit versuchte man zu managen. Man achtete derart auf sich selbst und die Abläufe, dass man es versäumte, die Ausgangsfrage zu stellen: Was mag der Kunde von alldem halten? Martin wurde schnell klar, dass sich die Kunden von Taco Bell keinen Deut um die ausgeklügelten Systeme kümmerten. In seiner Position als CEO galt es gerade das zu beweisen. Taco Bell war 1982 in einem Nischenbereich als mexikanisch-amerikanische Restaurantkette, mit ca. 1500 Filialen und einem Gesamtumsatz von 500 Mill. Dollar, bekannt. Die Hauptkonkurrenten waren zumeist im Hamburgermarkt tätig und waren Taco Bell um Meilensteine voraus. Die Welt der Schnellrestaurants ging an Taco Bell vorüber, während das kumulative Realwachstum von Taco Bell in den Jahren 1978 – 1982 bei minus 16 Prozent lag, wuchsen die Konkurrenten um 6 Prozent jährlich.

Was fehlte, war eine Vision und da es kaum noch etwas zu verlieren gab, baute man sich in seiner Vision einen Giganten zusammen, an dem sich alle in der Branche messen sollten. Es hieß damals, die Vision sei nicht ‚weitblickend', sogar ‚weit hergeholt' gewesen. Taco Bell jedoch konnte nur auf- oder aussteigen, damit war jede noch so radikale Vision recht. Martin erwähnte in diesem Zusammenhang John F. Kennedy der sagte: „Fortschritt ist ein schönes Wort, aber Fortschritt entsteht durch Wandel und Wandel hat seine Feinde.“ Und Herausforderungen gab es genügende. Ein großer Feind des erforderlichen Wandels waren die

traditionsbehafteten Ideen der Mitarbeiter. Man ging einfach davon aus, man könnte ein Unternehmen erfolgreich machen, ohne dabei die Kunden zu berücksichtigen. Man unterstellte dem Kunden, dass sie alles immer größer, komplexer und besser haben wollten. Eine Umfrage brachte das ermutigende Ergebnis, dass die Kunden eigentlich nur gutes Essen, schnell und warm serviert, in einer sauberen Umgebung und zu einem erschwinglichen Preis erhofften, mehr nicht! Alles andere kümmerte sie wenig. Dies war der Zeitpunkt, den Wert aus Sicht des Kunden in den Mittelpunkt des Angebotes zu stellen. Ein Kunde zahlt einen Dollar und ist eigentlich nur am Essen selbst, vielleicht noch an seiner Verpackung interessiert. Viele Restaurants wollen heute gerade diesen einzig noch variablen Kostenanteil kürzen. Manche brüsten sich damit, die Verpackungs- und Essenskosten auf 28 Cent pro Dollar gedrückt zu haben und freuen, sich diese erzielten Einsparungen dem Marketingbudget zukommen zu lassen, das 1995 ca. 8 Cent pro Dollar ausmachte.
Es wurde beschlossen, an allem zu sparen, nur nicht an den Kosten der verkauften Ware. Ein neues Paradigma wurde eingeläutet. Dies brachte eine wahre Befreiung im Denkmuster der Unternehmensführung und der Mitarbeiter. Business Reengineering erfasste das ganze Unternehmen und Managementprozesse wurden einer Radikalkur unterzogen. Führungsstellen wurden eliminiert und Arbeitsstellen neu definiert. Gebietsleiter wurden abgeschafft, die damals 5-6 Restaurantmanager beaufsichtigten. Umsatz, Kundenzufriedenheit und Rentabilität lagen jetzt in den Händen der Restaurantmanager alleine, ihre Vergütung wurde danach ausgerichtet. Das war eine ungeheure Neuerung in der Schnellrestaurantbranche. Viele Manager waren gegen den Wandel und verließen das Unternehmen. Sie landeten bei den anderen Ketten, die immer noch nach dem alten Muster arbeiteten. Restaurantleiter wurden zu General Managern umbenannt, was den Umsatz von 1-2 Mill. Dollar pro Restaurants sehr wohl rechtfertigte. In der Ebene des unteren Managements (früher: Gebietsleiter), gab es jetzt Marktmanager und während es 1988 noch ca. 350 Gebietsleiter für 1800 Restaurants gab, sind dies 1995 nur noch 100 Marktmanager, die 2400 Restaurants unterstützen. Marktmanager suchen nur nach Lösungen für Probleme und deren nachhaltige Eliminierung, sie sind damit nicht mehr das Problem selbst. Job-Enlargement und Job-Empowerment sind die richtigen Stichworte. Viele Mitarbeiter wechselten ihre Aufgabe und wurden in anderen Bereichen von Taco Bell sehr produktiv. Es wurde weiter umstrukturiert, wobei an allem, was dem Kunden direkt zugutekam, festgehalten wurde. Alles andere konnte eliminiert oder zumindest an dieses Ziel angepasst werden. Auch die Gebäudestruktur und die Einrichtung wurde neu konzipiert. Die Marketing-strategie wurde kundenorientierter gestaltet. Kundenzufriedenheitsumfragen zeigten letztlich deutlich, dass Taco Bell auf dem richtigen Weg war. Man begann alternative Vertriebskanäle anzusteuern.

Neueste Technologie erhielt bei Taco Bell Einzug. Taco Bell sah seine Kernkompetenz nicht mehr im verarbeitenden Gewerbe, sondern ausschließlich als ein kundenorientiertes Dienstleistungsunternehmen speziell für die Endverbraucher. Man wollte verkaufen, nicht herstellen. Heute werden viele Dinge zentral vorgekocht d.h. man braucht Gerichte in den Restaurants nur noch auf den Teller zu legen und das ist alles. Diese Maßnahmen führten zu einer besseren Qualitäts-kontrolle, einer steigenden Arbeitsmoral, zu weniger Arbeitsunfällen und enormen Einsparungen bei Strom- und Wasserkosten und - selbstverständlich haben die Mitarbeiter jetzt mehr Zeit für den Kunden.

Taco Bell setzte sich neue, noch ehrgeizigere Ziele. Sie wollten nicht nur Wertführer im Schnellrestaurantgewerbe sein, sondern sie wollten Wertführer bei allen verzehrten Speisen werden. So lieferte Taco Bell auch an öffentliche Kantinen, Schulen, Flughäfen und Sportstätten. Es gab nichts, was sich Taco Bell nicht vorstellen konnte, solange es im Blickfeld des Kunden lag und dieser im Mittelpunkt stand.

Auch auf den Einsatz von neuester Technologie wurde nicht verzichtet, so entwickelte Taco Bell auf einen Vorschlag hin eine Taco-Maschine, die in der Stunde bis zu 900 Tacos produzieren und an jeden beliebigen Ort gebracht werden kann, da sie handlich, schnell und wahnsinnig beliebt ist. Auch als dieser Vorschlag von vielen einmal belächelt wurde, trug er zu einem großen Erfolg bei. Innovative Technik symbolisiert also auf anschauliche Weise, dass das neue Taco Bell, dem alten Taco Bell nicht erlaubte, sich dem Fortschritt in den Weg zu stellen.[165]

[165] Hammer/Champy (1995), S. 222-235

Abbildung 14: Zusammenfassung der Phasen von Business Reengineering

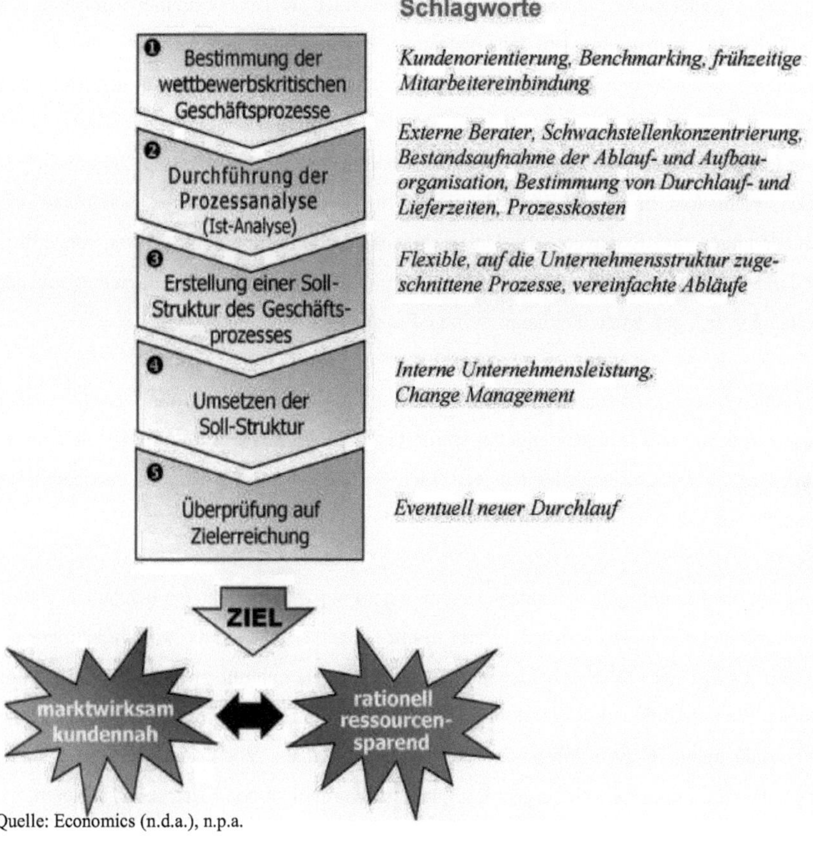

Quelle: Economics (n.d.a.), n.p.a.

3.2.2 Der Benefit

Vor 1983 entfiel 70 Prozent des zur Verfügung stehenden Raumes auf die Küche von Taco Bell, nur der Rest blieb für den Kunden übrig. Diese Relation hat sich heut umgekehrt. Die Sitzfläche konnte im Vergleich zum früheren Layout verdoppelt werden. Während die Konkurrenten immer größer bauen mussten, passt ein Taco Bell- Restaurant heute in eine Küche eines Konkurrenten. Dieses verbesserte Innenraum-konzept führte dazu, dass die Produktivität der Restaurants enorm anstieg. Früher waren bei erstklassiger Lage 400 Dollar für eine Stunde die maximale Kapazität, heute erreichen die Spitzenrestaurants Werte von 1500 Dollar pro Stunde.

Das installierte Kochzentrum das nur noch ein Aufbereiten des Essens erforderlich machte, entlastete jedes Restaurant um mehr als 15 Arbeitsstunden am Tag. Was einer Summe von ca. 7 Mill. Dollar Einsparungen pro Jahr bedeuteten. Alles in allem verzeichnete Tac Bell ein sensationelles Wachstum. Seit 1989 kletterten die Umsätze um 22 Prozent jährlich nach oben. Dieses aufsehenerregende Umsatzwachstum wurde durch mehr Transaktionen erzielt.
Beim Gewinn konnte Taco Bell seit 1989 im Schnitt satte Zuwächse von durchschnittlich 31 Prozent verbuchen. In Anbetracht der Investitionen in neueste Technologien, organisatorische Veränderungen und Expansion des Unternehmens eine wahrscheinlich schwer vorstellbare Größe. Den Konkurrenten gefror das Mark in den Beinen, denn ihr Gewinnwachstum beschränkte sich auf, wenn überhaupt, wenige Prozentpunkte.

Zusammenfassend kann man sagen: Aus einem regionalen Schnellrestaurant, das 1982 einen Umsatz von 500 Mill. Umsatz erzielte, wurde bis 1995 ein landesweit tätiges Unternehmen mit 3 Mrd. Dollar Umsatz, alles nur weil Taco Bell begann seinen Kunden zuzuhören und sich nicht vor Veränderungen scheute.

Das Ende des Kapitels „Qualitätsmanagement in der Praxis' soll mit einem persönlichen Wort von Martin abgeschlossen werden: „Wenn zu mir jemand sagt – und das kommt häufiger vor – ‚John, das ist aber sehr weit hergeholt', dann halte ich mir nur zwei Dinge vor Augen. Erstens: Wenn traditionell denkende Menschen sagen, ein Ziel sei unrealistisch, dann hat man sich wahrscheinlich etwas Großes vorgenommen. Zweitens: Wenn sie einem nicht mehr sagen, dass die Prognose weit hergeholt sei, hat man vermutlich den Krieg schon verloren."

4 Der Vergleich von Kaizen und Business Reengineering

Damit das Mögliche entsteht, muss immer wieder das Unmögliche versucht werden.
Hermann Hesse

Stellt man beide Methoden gegenüber, dann wird der aufmerksame Beobachter Gemeinsamkeiten, aber auch eine Reihe von nicht vereinbaren Unterschieden zwischen den beiden Systemen feststellen. Die Anzahl der Gegensätzlichkeiten mag die Anzahl der Ähnlichkeiten übersteigen; die Gemeinsamkeiten haben aber einen signifikanten Einfluss auf beide Methoden. Abbildung 15 verdeutlicht die wichtigsten Unterschiede.

Abbildung 15: Vergleich zwischen Kaizen und Business Reengineering

Differenzierungsmerkmale	**Kaizen**	**Business Reengineering**
Art des Wandels	*Wandel 1. Ordnung*	*Wandel 2. Ordnung*
Stärke des Wandels	inkremental, in kleinen Schritten	radikal, Quantensprünge
Verbesserungsprojekt	Subprozesse, funktionale Prozesse	Unternehmensprozesse, Megaprozesse
Verbesserungsfaktor	0,01 bis 0,2	0,2 bis ?
Zielerreichung	langfristig	kurz- und mittelfristig
Ausgangspunkt	Bestehende Prozesse	„grüne Wiese“
Ideengenerierung	deduktiv	induktiv
Umsetzungsteam	sämtliche Prozessbeteiligte	wenige Mitarbeiter und Berater
Mitarbeiterpartizipation	gesamter Umsetzungsprozess	nach Implementierung
Initiativenursprung	Bottom - Up, Middle – Both - Ways	Top - Down
Umsetzungsorganisation	permanente Teamorganisation	Projektorganisation
Fortschrittsmessungen	prozessorientierte Indizes	ergebnisorientierte Indizes
Methoden	Werkzeuge, Instrumente	Prinzipien
Technologiefokus	bestehende Technologien	neue Technologien
Informationstechnologie	Modellierungstool	Träger des Wandels

Quelle: Scholz/Müffelmann (1995), S 77-84

Obwohl beide Methoden, Kaizen und Business Reengineering, funktionieren, stehen sie immer noch unter großer Kritik. Eine wirklich ernst zunehmende Kritik ist, dass seit Demings Arbeiten keine wirkliche Weiterentwicklung der Qualitätsmethoden mehr stattgefunden hat. Die Kritiker behaupten, dass die Verbesserungsstrategien, wie es Kaizen oder Business Reengineering sind, nur mit neuen Namen für bereits vorhandene Theorien versehen wurden. Vergleichbar wäre das mit einem Unternehmen, das sein Produkt oder die Dienstleistung nur einem ‚Relaunch'[166] zum Beispiel in einer anderen Verpackung unterziehen würde. Andere Kritiker beschimpfen moderne Management- Methoden wegen ihrer Gleichgerichtetheit – die gleichen Ziele, das gleiche Konzept und dieselben Werkzeuge.

Auf der einen Seite, sind diese Meinungen zutreffend. Der Kaizen-Schirm beherbergt eine Reihe von Maßnahmen und beinhaltet Werkzeuge, die in anderen Management Methoden auch vorzufinden sind. JIT -Management und Kanban wurde aus dem Gebiet der Logistik abgeleitet und hat seinen Ursprung beileibe nicht im Qualitätsmanagement. Auch wurde es ursprünglich aus einem anderen Grund entwickelt, als zur Sicherstellung und Verbesserung der Qualität des Endproduktes. Wie auch immer, ausgezeichnete Logistikstrategien tragen zu einer Qualitätsverbesserung im gesamten Produktions-prozess und schließlich des Endproduktes bei. Sie werden aus diesem Grund erfolgreich durch das Qualitätsmanagement eingesetzt.

Business Reengineering und seine Idee der totalen strukturellen Neuausrichtung ist zu herkömmlichen Qualitätsmanagementsystemen etwas grundlegend Anderes. Herkömmliche Strategien beruhen auf etwas schon da Gewesenem und fangen nicht mit der Grundsatzfrage an. Trotzdem kann man sagen, die Idee von Input-Prozess-Output ist genauso ein Teil der Logistik, wie von jeder anderen modernen Management Strategie auch. Die Vorgehensweise des Business Reengineering hat Ähnlichkeiten mit dem PDCA – Zyklus von Deming.

Die beschriebenen Kritiken waren nur ein Ausschnitt derer, die Kaizen und Business Reengineering als Trend oder als etwas Anderes beschreiben wollen, etwas, das nur mit neuem Namen und neuer Verpackung eingesetzt wird. In der Tat haben die beiden Methoden einige, zentrale Elemente gemeinsam und viele Unterschiede. Je nach Wichtigkeit des Elements in Bezug auf die Grundstruktur der Methode und seiner damit einhergehenden Gewichtung, könnte man die Annahme in den Raum stellen, dass bei Gegenüberstellung aller

[166] Relaunch: Wiedereinführung eines Produktes oder Dienstleistung in den Markt mit u.U. minimalen Differenzierungsmerkmalen.

Elemente ca. 60 Prozent der Elemente unterschiedlich ausfallen würden. Was die Gemeinsamkeiten in Bezug auf Durchführung, Werkzeuge und Ergebnis angehen, so existieren sie als nicht weniger bedeutsame Restmenge des Gesamtbildes von Business Reengineering und sollten daher ernsthaft in Augenschein genommen werden.
Das folgende Kapitel soll Kaizen und Business Reengineering eingehend miteinander vergleichen. Dabei wird auf Gemeinsamkeiten und Unterschiede Wert gelegt. Die Gemeinsamkeiten beider Methoden sollen in Kapitel 5 tiefer analysiert werden. Kapitel 5 wagt außerdem einen Versuch, die beiden Methoden zusammenzuführen.

4.1 Kaizen und das Business Reengineering

Die Hauptgemeinsamkeiten zwischen Kaizen und Business Reengineering fußen auf Demings Theorie, eines kundenorientierten, prozessorientierten, verschwendungs-vermeidenden und fehlervermeidenden Organisationsaufbaus. Diese Theorien aus dem frühen 19. Jahrhundert haben ihre Gültigkeit nie verloren und bilden immer noch die Basis einer modernen Management-Methode. Demings Lehren und seine Theorien wurden weiterentwickelt, so dass sie zu den spezifischen Anforderungen und Bedürfnissen unterschiedlichster Unternehmungen passen. Festzustellen ist, dass die Umsetzung von Kaizen oder Business Reengineering in die Praxis in keiner Firma der Welt gleich ist, immer gibt es etwas Zusätzliches oder eine Kombination aus verschiedenen Anwendungen. Toyota verbindet zum Beispiel TPS mit Kaizen Vorgängen.
Beide, Kaizen und Business Reengineering suchen nach Verbesserung und höchster Qualität. Trotz ihrer ähnlichen, wenn nicht sogar gleichen Ziele, ihrer Herangehens-weise, wie auch ihrer Herausforderungen während der Umsetzung, ‚Best in Class' zu werden, unterscheiden sie sich in vielerlei Art.

Abbildung 16: Gemeinsamkeiten

Prozessorientierung
Ausrichtung der Prozesse am Kunden
Teambildung
Qualitätsverbesserung

Quelle: Silvan Kurras (2008), n.p.a.

4.1.1 Die Ziel- vs. Prozessorientierung

Die Prozessorientierung und die damit verbundenen vorteilhaften Effekte für das Endprodukt, wurden schon zur Genüge diskutiert. Aus diesem Grund sollte seine Wichtigkeit klar sein. Es wurde bereits angeführt, dass nicht nur eine Prozess-ausrichtung der Unternehmung für einen Wandel zum Besseren wichtig ist. Eine ausreichend hohe Portion an Zielorientierung ist für den Erfolg genauso mit entscheidend.[167]

Business Reengineering versucht in erster Linie die Profitabilität zu steigern, indem es diesen Umstand im Betriebsergebnis und im Finanzbericht positiv zum Ausdruck bringt. Der Prozess der Verbesserung steht eher an zweiter Stelle und das nur aufgrund der Tatsache, dass eine höhere Qualität und Kundenzufriedenheit einher geht mit einem Gewinnwachstum. Die Zielorientierung beim Business Reengineering ist bestimmt durch das definierte Profitabilitätsziel eines jeden Bereiches. Ein Ziel, dem alle Unternehmen folgen, wenn sie sich für den Einsatz dieser Strategie entschieden haben. Mit anderen Worten, Prozessorientierung beim Business Reengineering ist die Strategie selbst, um das definierte Ziel der Profitabilitätssteigerung zu erreichen.[168]

Zielorientierung ist wichtig, um einen Fokus, eine Richtung zu haben, wohin eine Verbesserung eines Prozess gehen sollte. Auch bei Taco Bell sind Ziele zuerst festgelegt, dann unternehmensweit propagiert worden und schließlich wurde nach der bestmöglichen Vorgehensweise gesucht. Selbst zunächst einmal unmögliche Zielsetzungen können dabei mit der Management-Methode Business Reengineering in einen Erfolg umgemünzt werden.

Die Kaizenziele hingegen führen auf umgekehrtem Weg zu den gewünschten Ergebnissen. Im Zentrum der Philosophie steht das verbesserte Qualitätsniveau, kontinuierliche Verbesserung und der niemals endende Wunsch nach Veränderung. Diese Ziele sind Prozesse, die sich immer und immer wieder wiederholen und niemals ein Ende finden. Die Kaizen-Philosophie unterliegt damit dem selbst ernannten Statement, sodass es immer Raum für weitere Verbesserungen gäbe. Perfektion wird als Illusion angesehen und kann niemals erreicht werden. Nichts desto trotz mag man sehr nah dran liegen. Profitabilität und finanzieller Gewinn mögen Nebeneffekte einer höheren Qualität sein, aber der Grund für alle Anstrengungen ist in erster Linie die verbesserte Qualität und die Erlangung der Kundenloyalität. Was die Führungskräfte angeht, so macht Kaizen jedem Mitarbeiter klar, warum ein Unternehmen diesen Wandel vollziehen will bzw. muss und dass jeder etwas zu

[167] Rush (2006), n.p.a.
[168] Harry (2002), S. 15

diesem Ziel beitragen kann. Grundlage jedoch ist die fortwährende und niemals endende Entwicklung der Prozesslandschaft des Unternehmens.

Kaizen und Business Reengineering haben somit Ziele. Kaizen hat als Ziel einen außergewöhnlichen Qualitätsstandard. Business Reengineering setzt die Profitabilität an erster Stelle, mit dem sekundären Ziel, das Erreichen eines überdurchschnittlichen Qualitätsniveaus. Business Reengineering scheint sein Ziel mit der erfolgreichen Neustrukturierung und Ausrichtung erreicht zu haben, Kaizen hingegen wird immer weitermachen und durch seine Praktiken immer höher hängende Früchte ernten können.

4.1.2 Das Vorschlagswesen

Das Vorschlagswesen für die Mitarbeiter, welches in dieser Arbeit bereits beschrieben wurde, ist ein sehr bekanntes und allgemein anerkanntes Werkzeug um die Ideen der Mitarbeiter für Verbesserungen zu nutzen. Es ist ein wertvoller Beitrag zum Kaizenkonzept, da es die Erfahrung und das Wissen der Mitarbeiter in die Prozesse integriert. Business Reengineering wendet ein solches Werkzeug, indem jeder Mitarbeiter ermutigt wird ein Vorschlag für eine positive Veränderung zu machen, nicht an. Was Business Reengineering macht, ist das Einholen von Feedback sowohl vom Kunden als auch von den Mitarbeitern. Durchgeführt werden Marktstudien und Umfragen, um Annahmen oder einfach Informationen zu gewinnen. Dass die Mitarbeiter ihre Vorschläge zu jedem x-beliebigen Zeitpunkt einreichen können, ist nicht vorgesehen. Unternehmen bekommen also nur zu einem bestimmten Zeitpunkt die zu einem sehr speziellen Problem geäußerten Wünsche, Vorstellungen und Verbesserungen mitgeteilt. Das Vorschlagswesen versucht die Mitarbeiter zu kleinen möglichen Verbesserungsvorschlägen zu motivieren. Oft sind es Verbesserungen, die die Manager bisher nicht mal erkannt haben. Umfragen, Fragebögen oder Marktstudien hingegen fragen nur nach Informationen, die zu diesem Zeitpunkt gerade wichtig sein mögen, alles andere bleibt außer Betracht. Dieser Einfluss mag auch sein Gutes haben, wie zum Beispiel, dass die Projektteams nicht von Informationen abgelenkt sind, mit denen sie im Moment nichts anfangen können. In der Praxis findet man leider häufig den Fall, dass eine brillante Idee verloren geht, weil sie nicht dann auf den Tisch kommen kann, wenn sie aufkommt.
Im Business Reengineering werden solche Fragebögen und andere Hilfsmittel oft für einen durchbrechenden Strategiewandel herangezogen. Es soll die Teams dabei unterstützen, die Erwartungen von Kundenseite und Mitarbeiterseite klar zu sehen und die Prozessgrößen in

der ersten Phase der Umsetzung zu finden. Was die Wertschätzung der Vorschläge beim Kaizen angeht, so findet diese zu jedem Zeitpunkt statt und wird in aller Regel auch belohnt. [169]

4.1.3 Die Fehlerreduzierung

Die Fehlerreduzierung ist für das Business Reengineering nur ein Nebeneffekt von optimierten bzw. neuausgerichteten Strukturen in der Unternehmung. Fehler sollen nach einer erfolgreichen Implementierung nicht mehr und wenn, dann nur in deutlich geringerem Maße auftreten. Wie das Kaizen auch, versucht Business Reengineering bereits bevor der Fehler auftreten kann, die Abläufe so zu optimieren, sodass aufgrund des deutlich geglätteten Vorgangs, keine Fehler mehr zu erwarten sind.
Kaizen verlangt nach Vorgängen, die dem Grundsatz einer Null-Fehler-Strategie unterliegen. In der Praxis soll diese Regel vom ersten Moment an umgesetzt werden, um zu verhindern dass nachträglich Korrekturen anstehen.[170] Es sucht nach Verbesserungsvorschlägen der Mitarbeiter, die darauf abzielen Fehler noch vor deren Entstehung aufzufinden. Man kann also getrost sagen, dass Kaizen einen Prozess bereits verbessert hat, bevor überhaupt die Notwendigkeit für einen Veränderung eingetreten ist. Sicherlich klingt das für manchen irritierend. Um allerdings ein Null-Fehler-Niveau zu erreichen, bedarf es besonders herausfordernden Maßnahmen und Zielen. Ob es tatsächlich machbar ist, einen Prozess zu Null-Fehlern zu führen ist mehr als fraglich, allein schon mit dem Umstand, dass manche Einflussfaktoren nicht in menschlicher Hand liegen mögen. Mitarbeiter müssen das Ziel der Fehlerreduzierung im Auge behalten und obwohl es wahrscheinlich niemals erreicht werden kann, danach streben, bringt schon große, oft unvorhergesehen, Verbesserungen zu Tage.

4.1.4 Die Kontinuierliche Verbesserung vs. dem Streben nach augenblicklicher Perfektion

Das Business Reengineering wird den Teilbereich zu aller erst initiieren, der die geringste Komplexität aufweist und schnellen Erfolg verspricht. Dieses Projekt ist genauestens geplant, die Ziele klar definiert und die Mitarbeiter eingehend informiert. Keine Vorschläge werden gemacht, bis nicht genügend Informationen und Erhebungen durchgeführt wurden, bis die

[169] Simon (1996), S. 34
[170] Neil (2005), n.p.a.

Wünsche, vor allem des Kunden klar auf dem Tisch liegen und analysiert wurden. Der Grundgedanke ist, da große Summen Zeit und Ressourcen in die Verbesserung investiert werden, dass Szenarien klar abgegrenzt sein sollten. Von den Teams wird erwartet, dass sie zeitnah und adäquat arbeiten können, um einen positiven Wandel sicher zu stellen.
Im Falle der Verbesserung folgt Kaizen allerdings einer anderen Strategie. Anstatt der Suche nach einer schnellen Perfektion in Prozess- und Kundenorientierung, versucht es den Wandel in jedem Moment zu gewährleisten, auch wenn es dem Ziel nur zu ca. 50% zuträglich sein mag. Das Streben nach den 100 Prozent im Laufe der Zeit wäre das endgültige Ziel der Philosophie einer kontinuierlichen Verbesserung.

4.1.5 Die Vorgehensweisen

Kaizen wirbt damit, dass es die meisten Verbesserungsvorschläge der Mitarbeiter in die Praxis umsetzt. Man mag sich erinnern, wenn einmal eine Verbesserung eingeführt wurde, dann ist diese Verbesserung automatisch ein neuer Standard und so die Basis für weitere Verbesserungen.[171] Egal wie klein der Schritt zu einer verbesserten Qualität sein mag, jede einzelne Maßnahme sollte darum realisiert werden.
Business Reengineering geht einen anderen Weg. Projekte und Methoden sind durch eine etwas höhere Komplexität charakterisiert; ein Grund warum die Ressourcen genau verteilt werden müssen und die Ausgaben trotzdem nicht ausufern dürfen. Auch eine Fehlverteilung der Mittel ist zu verhindern. Unter Umständen könnte die Größe der Firma Einfluss darauf haben, wie viele Projekte zur selben Zeit stattfinden könnten, denn ein Unternehmen mag nicht in der Lage sein genügend Ressourcen bereitzustellen. Aus diesem Grund werden die Projekte gegenübergestellt und dasjenige ausgewählt, das den höheren Profit und den schnelleren Erfolg verspricht. Das ausgewählte Pilotprojekt ist somit bestens als repräsentatives Projekt geeignet.

Die Art und Weise wie ein Verbesserungsprojekt durchgeführt wird, unterscheidet sich zwischen den beiden Management-Methoden. Kaizen wendet Demings´s PDCA-Zyklus an, ohne dies groß an die jeweilige Situation anzupassen. Es folgt einzig der Regel, dass dieser Verbesserungs-Zyklus sich niemals zu drehen aufhört. Business Reengineering macht hier mehr Anpassungen, vor allem nutzt es eine Reihe von Tools, die hohen funktionalen

[171] Subhadra (2003), S. 5

Anforderungen genügen müssen. Solche Werkzeuge sind: die Geschäftsprozessanalyse,[172] Prozess-Flowchart[173], die Geschäftsprozesssimulation, das Projektmanagement, die Personalplanung, unternehmensweite/-übergreifende Dokumentation von Verbesserungsmaßnahmen, die Prozesskostenrechnung,[174] eine Stellen- /Funktionsbewertung, die Durchlaufzeitenerhebungen.[175] Besonders wichtig ist, dass Prozess Flowcharts, Analysen, Kosten und Optimierungsmaßnahmen einschließlich Personal- und Projektplanungen dargestellt werden und auch entsprechende Schnittstellen zur Informationstechnologie (IT) gewährleistet sind.[176] Die Planphase ist also gegenüber dem PDCA-Zyklus der Kaizen-Methode wesentlich umfangreicher. Diese Phase ist allerdings so wichtig, dass hierauf besonders Wert gelegt werden muss. Falls die Daten falsch interpretiert werden, könnte dies schon das Ende des Unternehmens bedeuten.

Abbildung 17 zeigt die wesentlichen Inhalte in der Planungsphase:

[172] Geschäftsprozessanalyse: es zeigt eine Folge von Schritten oder ein Rezept, um ein Geschäftsresultat zu erzielen.

[173] Prozess-Flowchart: zeigt Abläufe der Prozesse im Unternehmen

[174] Prozesskostenrechnung: Die Prozesskostenrechnung (PKR) ist ein Instrument, das die Kosten der indirekten Leistungsbereiche (z. B. Beschaffung, Marketing, Vertrieb und Logistik) abbildet und eine beanspruchungs gerechtere Verteilung dieser Gemeinkosten ermöglicht.

[175] Durchlaufzeitenerhebung: Die Durchlaufzeit (engl. lead time) ist die Zeit, die eine Einheit zum Durchlaufen eines Systems benötigt.

[176] Karsten Füser (2007), S. 132

Abbildung 17: Business Reengineering – Instrumente in der Planungsphase

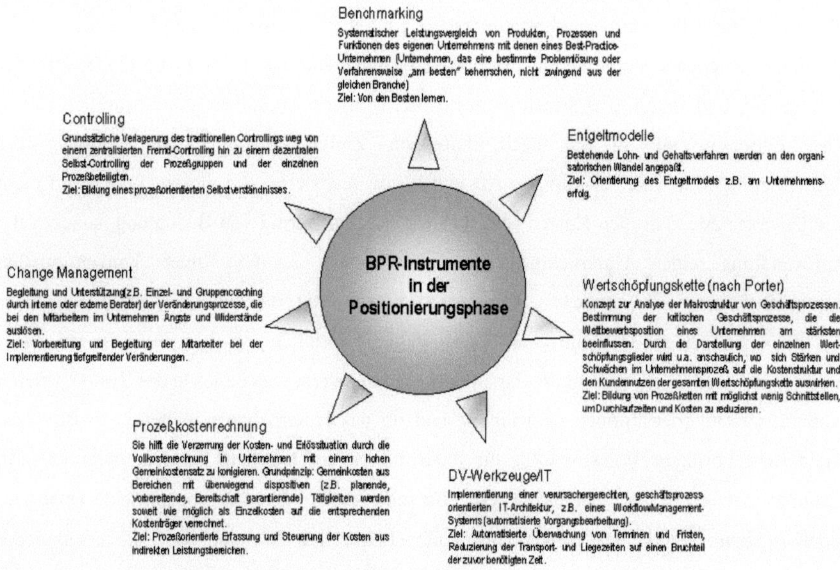

Quelle: Koenigsmarck (1996), S 54-58; Berndt, (1997), S 195 f.

Das vorige Beispiel zeigt, wie ähnlich, aber auch wieder wie grundlegend anders Kaizen und Business Reengineering sind. Sicher ist, dass die Methodologien unterschiedliche Wurzeln haben, was eben auch ihre Differenziertheit in den Grundelementen erklärt. Die Gemeinsamkeiten jedoch sind ebenso schwerwiegend und eine Führungskraft sollte sich tiefer mit beiden Methoden beschäftigt haben, bis sie sicher ist, dass es entweder Kaizen oder Business Reengineering oder sogar beide Methoden in die Praxis umsetzen möchte.

Da Kaizen und Business Reengineering nicht auf demselben Prinzip beruhen, erfordern sie unterschiedliche Wege der Implementierung, Anwendung und des Trainings. Kapitel 5 beschäftigt sich mit der Frage, welches Management-System am besten zu einer Firmen-Organisation passt und zu den wünschenswertesten Ergebnissen führt, und es sollte nicht vergessen werden, dass die primären Ziele beider Methoden, obwohl sie letztendlich alle in einer verbesserten Profitabilität enden sollten, variieren.

4.2 Die Philosophien

Wie die vorhergehenden Kapitel gezeigt haben, kann die Verbesserung von Prozessen und die damit einhergehende Verbesserung des Produktes einen enormen Einfluss auf die Qualität der Produktion und damit die Situation des Unternehmens in umkämpften Märkten haben. Organisationen, obwohl sie nach denselben Zielen streben mögen, können die Verbesserungen in unterschiedlicher Art und Weise realisieren. An diesem Punkt sind nicht die Unterschiede zwischen Kaizen und Business Reengineering von Bedeutung, sondern die Umwandlung eines Unternehmens an sich, wenn es von einer konventionellen Geschäftsführung zu einem Führungsstil wechselt, der die Anwendung einer Qualitätsmanagement-Methode ganz oben auf der Prioritätenliste hat. Bevor es so etwas unternimmt, sollte sich das Unternehmen entschieden haben, welche Rolle das System spielen könnte, welche Investitionen es erfordert und ob das Unternehmen in der Lage ist, diese Gelder aufzubringen. Wieweit sollte die Investition wirklich gehen? Ein Unternehmen kann Qualitätsmanagement-Methoden entweder für individuelle Verbesserungsprojekte einsetzen, oder es kann durch die Anwendung einen kulturellen Wandel erleben, indem jeder Mitarbeiter, vom Topmanagement bis zum Mitarbeiter an der Montageanlage, am Verbesserungsprozess beteiligt wird.

4.2.1 Die Landeskulturen

Unterschiedliche Länder zeigen sehr verschiedene Verhaltensarten. Dies betrifft das Alltagsleben, das Beziehungsleben, das Geschäftsgebaren und die Managementstile. Kultur und Mentalität können einen sehr großen Einfluss auf die Art und Weise haben, wie die täglichen Geschäftsabläufe aussehen. Dieser Einfluss findet sich somit auch in modernen Management-Methoden wieder.[177]

Kaizen hat seine Wurzeln im japanischen Management. Sein ganzes Konzept, wie das hohe Maß an Teamarbeit, der Aufbau einer Atmosphäre für innovative Ideen und der Wille nach ständiger Verbesserung, wurde ganz besonders verstärkt durch die japanische Kultur und Mentalität.[178] Diese Management-Philosophie hat seinen Erfolg in den 70ern und 80ern bewiesen, als die Unternehmen aus den westlichen Industrieländern versucht haben, den japanischen Management-Methoden nachzueifern. Es kam in diesem Zusammenhang häufig

[177] Schneider (1997), S. 5
[178] Mullins (2002), S. 88-89

die Diskussion auf, ob die japanischen Managementstile auch international anwendbar seien.[179]

In dem Buch *Managing across cultures,* herausgegeben von Schneider und Barsoux im Jahre 1997, wurde der Glaube an eine konvergente Anwendung der Managementstile im internationalen Gefüge durch ihre Aussage kritisiert: Management sei eben nicht gleich Management. Der Gedanke, dass die unterschiedlichen Prinzipien und Techniken universell einsetzbar seien, wurde schlichtweg als eine „ deplatzierte Annahme“ außer Kraft gesetzt.[180] Obwohl diese Aussage einen Wahrheitsgehalt besitzen mag, kann man sagen, dass die Managementstile, auch wenn sie den Oberbegriff Kaizen nutzen, doch in den einzelnen Ländern sehr unterschiedlich ausfallen, so ist diese Aussage ganz allgemein betrachtet heute nicht mehr sehr zutreffend.

Business Reengineering ist eine Management-Methode, die eher einem westlichen Managementstil entspricht. Ihren Ursprung hatte diese Methode in Amerika, in dem Land, indem sie auch den größten Erfolg feiern konnte. Nach Europa kam die Methode erst, als Kaizen bereits von vielen westlichen Firmen Besitz ergriffen hatte durch die Beraterszene.

Das in westlichen Ländern praktizierte Management könnte man charakterisieren durch Entscheidungsfreudigkeit der Manager, die dafür Sorge trugen, dass sich ihr Geschäft immer weiterentwickelte. Das Statement „besser eine falsche Entscheidung, als gar keine Entscheidung“,[181] schien manchen Entscheidungsprozess westlicher Manager passend beschreiben zu können. Die Beobachtung, schnelle Aktionen auf Kosten des Risikos durchzuführen, zeigte die Bereitschaft der damaligen Managementstile, Fehler zuzulassen. Japanisches Management hingegen charakterisierte man anders, nämlich als eine sich selbst und die Umstände reflektierende Methode, die nicht eher etwas in die Tat umsetzt, bis alle möglichen Szenarien klar vorliegen.[182]

Die beschriebene Bereitschaft der westlichen Manager, Fehler im Managementstil zuzulassen, passt eigentlich so gar nicht zu den Prinzipien vom Business Reengineering. Und in der Tat, Business Reengineering macht keinen Schritt vorwärts, ehe nicht klar ist, wie die Situation der Kunden und Mitarbeiter tatsächlich ist und entsprechende Planungen und Analysen durchgeführt wurden. „Wir werden nicht auf irgendeine Lösung setzen [...]. Wir befinden uns nicht mehr im, ‚Einfach-machen-Verfahren’, sich für das Verstehen eines Problems und dann optimierten Prozesses Zeit zu nehmen, ehe wir etwas tun, ist besser.“[183]

---

179 Mullins (2002), S. 88-89
180 Schneider (1997), S. 5
181 Ibid., S. 33-34
182 Ibid.
183 Schneider (1997), S. 7-8

Trotz der Unterschiede in Kultur und Mentalität können beide Management-Systeme, (Kaizen und Business Reengineering) in jeglicher Firmen-Organisation angewandt werden, ohne dass dabei Rücksicht auf Hintergrund oder Nationalität genommen werden muss. Business Reengineering hat nicht die Wurzeln wie es das Kaizen hat und obwohl Kaizen hiermit wirklich ein hervorstechendes Merkmal besitzt, so bedarf es keiner Aneignung der japanischen Managementcharakteristikas, um auch in den westlichen Ländern Erfolg zu haben. Wirtschaften folgt systeminternen Gesetzen, die universell sind.
Alle Firmen besitzen positive Eigenschaften. Sie wären sonst nicht in der Lage, im Markt zu bestehen. Das Ziel von Kaizen ist, diese positiven Merkmale zu erkennen, zu stärken und gleichzeitig dafür zu sorgen, dass fehlerhafte Prozesse optimiert werden. Was westliche Kulturkreise vielleicht noch lernen müssen, um Kaizen vollständig zu verstehen ist, dass Fehler, die auftreten, akzeptabel sind, indem sie das Potential zur Verbesserung in sich tragen. Dieses Verständnis sollte die Unternehmen auf dem Weg zur Perfektion unterstützen, denn wenn man glaubt, gut zu sein, der Marktführer zu sein, dann kann man schnell die Motivation verlieren und man wird unversehens vom Wettbewerb überflügelt.[184] Es ist in der Tat so: nur ein Unternehmen, das sich nicht mit dem Erreichten begnügt, wird eine führende Position erklimmen und diese festigen können, ungeachtet des Hintergrundes und der Mentalität seines Ursprungslandes und seiner Bürger.

4.2.2 Kulturwandel oder nur die Anwendung einer Methode

Die Kultur eines Unternehmens selbst mag einen weiteren Einfluss auf die Entscheidung haben, ob Kaizen oder Business Reengineering angewandt werden sollte. Es zählt somit nicht nur der kulturelle Hintergrund allgemein. Manche Management-Methoden verlangen das Engagement und die Mitarbeit jedes einzelnen Mitarbeiters in einem Unternehmen. Jeder, vom Topmanagement bis zum Arbeiter sollte an den Verbesserungsprozessen teilhaben, um letztendlich das beste Resultat erreichen zu können. Bei einer Implementierung eines solchen Managementstiles, ist die gesamte Kultur des Unternehmens betroffen und ein Unternehmenswandel wird alles bisher Dagewesene entscheidend verändern.
Dies gilt für Kaizen besonders, denn hier wird der Wandel in den Gedanken und Motivationen der Mitarbeiter selbst hervorgerufen werden. Verbesserung sollte nicht als

[184] Reiher (2006), n.p.a.

etwas angesehen werden, dass nur auf die Spitze des Eisberges aufgesetzt werden kann, sondern es sollte Teil des täglichen Geschäfts sein.[185]

Kaizen ist eine Kultur, Business Reengineering ist eher eine Methode, die nicht unbedingt einen kulturellen Wandel der gesamten Organisation erfordert. Kaizen beinhaltet die Mitarbeitermotivation und das Erkennen und Belohnen von verbesserter Leistung. Obwohl diese Merkmale alle auch beim Business Reengineering auffindbar sind, ein kultureller Wandel ist nicht erforderlich.[186] Als Methode mag das Unternehmen einfach die Werkzeuge in Verbindung mit der spezifischen Vorgehensweise anwenden, um das Projekt durchzuführen. Dabei wird das Projekt initiiert, das die höchsten Erfolgsaussichten hat. Dies könnte zum Beispiel die Auftragsabwicklung in einem Unternehmen sein. Was die Implementierung von Business Reengineering im gesamten Unternehmen angeht, so lässt Business Reengineering viele Fragen unbeantwortet, insbesondere diejenigen, die mit der Nachhaltigkeit dieser Strategie zu tun haben. Was passiert mit einem Unternehmen, das seine Umstrukturierung geleistet hat, wie wird der Status quo weiter verbessert? Welche Werkzeuge stellt Business Reengineering bereit, um das Niveau der erreichten Umstellung zu standardisieren? Diese und viele Fragen mehr, sind bis zum heutigen Tage nicht eindeutig beantwortet worden. Zahlreiche andere Autoren, Experten auf ihrem Feld, suchen noch nach passenden Antworten und stellen bis zum heutigen Tage nur andere Managementstile, wie sinnvoller Weise zum Beispiel Kaizen als Ergänzung, an dessen Seite. Alles in allem kann man sagen, dass die Geschwindigkeit und die Art und Weise oder der kulturelle Wandel bei jedem Unternehmen anders von statten gehen mag und es daher jedem Unternehmen selbst überlassen sein muss, seinen eigenen Weg zum Erfolg zu finden.[187]

4.2.3 Die Akzeptanz

Im Allgemeinen wird das sogenannte Change-Management nie von 100 Prozent der Mitarbeiter unterstützt. Um aber ein hohes Niveau an Akzeptanz zu erreichen, ist eine absolute Verpflichtung des Top-Managements nicht nur ein kritischer Faktor, sondern ein Muss.[188]

Ist man sich im Top-Management einig, eine neue Management-Methode einzuführen, dann wird die größte Herausforderung sein, die Mitarbeiter von der Implementierung und

[185] Reiher (2006), n.p.a.
[186] Ibid., n.p.a.
[187] Reiher (2006), n.p.a.
[188] Rush (2006), n.p.a.

Durchführung der neuen Methode zu überzeugen. Mitarbeiter müssen in regelmäßigen Abständen daran erinnert werden, dass sie Teil der neuen Initiative sind. Geschieht diese Ermutigung nur während der Implementierungsphase ist das meistens verschwendete Zeit und Kraft.[189]

Bei Kaizen sind die wichtigsten Mitarbeiter diejenigen, die an der Basis schaffen, also die, die das eigentliche Produkt herstellen und direkt am Prozess, der verbessert werden soll, beteiligt sind. Diese Menschen haben die ideale Möglichkeit Ideen und Missstände aufzudecken, da sie die größten Kenntnisse in ihren Bereichen haben. Wenn man den Mitarbeitern genügend Raum für Verbesserungen lässt, dann steigert das die allgemeine Akzeptanz für das System. Es entwickelt sich ein größeres Verständnis für den neuen Weg und vermittelt ein Gefühl der Zusammengehörigkeit. Ein sehr wichtiger Teil für das Engagement der Mitarbeiter ist das visuelle Management, welches Zahlen und Ergebnisse der Verbesserungen wiedergeben soll, um so die Mitarbeiter über den Fortschritt aufzuklären. Mitarbeiter sollten immer wieder ermutigt werden, ihren aktuellen Arbeitsvorgang positiv zu beeinflussen.[190]
Nichts desto trotz besagt eine Regel, dass von zehn Mitarbeitern nur ungefähr zwei davon der neuen Strategie mit offenen Armen begegnen werden. Sechs der Mitarbeiter werden zu überzeugen sein und zwei davon, wird man niemals auf das Neue einschwören können. Diese zwei Menschen, die sich ohne Überzeugungskunst hinter die neue Bewegung stellen werden, tun dies meist weil sie mit der aktuellen Situation, in der sie arbeiten, nicht zufrieden sind. Für die zwei Mitarbeiter, die kein Interesse zeigen und anzuschließen, zählt nur das Abarbeiten der Arbeitsstunden an ihrem Arbeitsplatz. Die restlichen sechs sind davon zu überzeugen, dass es Sinn macht z.B. Kaizen zu folgen. Die letztendliche Entscheidung muss aber jedem Mitarbeiter selbst überlassen werden. Manche Mitarbeiter haben triftige Gründe nicht an der Bewegung teilzunehmen, was das Management respektieren sollte. Ein Unternehmen muss dann entscheiden, ob es an diesen Mitarbeitern langfristig noch festhalten sollte. Nicht zu empfehlen sind zu schnelle Entscheidungen des Managements in dieser Frage. Einzig ein Boykott eines Mitarbeiters würde eine schnelle Entlassung des Mitarbeiters rechtfertigen.[191]

Taco Bell erreichte nach der Implementierung nach sechs bis zwölf Monaten eine große Akzeptanz unter den Mitarbeitern. Es war das Top-Management, das mit großem Engagement Business Reengineering zum Erfolg führen konnte.

---

[189] Reiher (2006), n.p.a.
[190] Ibid.
[191] Reiher (2006), n.p.a.

Beim Business Reengineering ist die Wichtigkeit für ein großes Engagement genauso hoch wie bei Kaizen, besonders dann, wenn Business Reengineering als neue Kultur ins Unternehmen Einzug halten soll. Mehr aber als bei der Kaizen Bewegung bedarf es der uneingeschränkten Mitarbeit aller. Stellen sich Mitarbeiter quer, sind das die ersten, die der Gehaltsliste entfallen werden. Dies ist eine Entscheidung, die das Business Reengineering den Mitarbeitern abnimmt, ihnen bleibt also keine Wahl, ob sie nun daran teilhaben wollen oder nicht. Im Zuge des wichtigen, schnellen Wandels ist es unerlässlich, dass jeder seinen Teil dazu beiträgt.

Ein weiterer Grund für die schnelle und radikale Implementierung beim Unternehmen Taco Bell ist der Wunsch gewesen, dass das Interesse der Mitarbeiter auf keinen Fall nachlassen darf. Und zwar von dem Moment an, als der Wandlungsprozess initiiert wurde, bis hin zum allerletzten Moment, indem der letzte Teil des Unternehmens neu strukturiert und verbessert wurde. Was Taco Bell gemacht hat, war eine heraus-fordernde und schwierige Aufgabe, aber es konnte erreicht werden, wofür es initiiert wurde.

4.2.4 Die Investition und der ROI

Veränderungen in der Unternehmenskultur wie es Taco Bell unternommen hat, verlangen eine enorme Investitionssumme. Taco Bell investierte in neue Systeme, in Mitarbeiter, in neue Strukturen, es investierte hunderte Millionen. Selbstverständlich kann man in kleinen Unternehmen auch mit weniger Investitionen auskommen, aber wer etwas Umfassendes erreichen möchte, zahlt beim Business Reengineering gewaltige Summen. Man kann sagen, dass die Summe der Investition stark von der Geschwindigkeit der Umsetzung abhängt. Auch Kaizen mag schneller implementiert werden können, wenn man viel in Anlagen, Mitarbeiter und Arbeitsstunden investiert.[192]

Beim Business Reengineering ist, solange nur ein Projekt in Betracht kommt, bereits nach kurzer Zeit der Break-Even[193] erreicht. Gelingt dieses kurzfristige Ziel nicht, so fällt oft die gesamte Implementierung ins Wasser. Beim Business Reengineering ist es wesentlich, dass Pilotprojekte, wie es zum Beispiel die Umstrukturierung der Auftragsabwicklung im Unternehmen wäre, unbedingt erfolgreich von statten gehen. Ansonsten verliert man Unterstützung und Dynamik, was unabdingbare Voraussetzungen für den Erfolg dieser

[192] Reiher (2006), n.p.a.

[193] Break – Even: Wenn die Einnahmen erstmalig die Ausgaben decken; Gewinn = 0

Strategie ist.[194] Die Wandlung der gesamten Unternehmenskultur stellt allerdings ein langfristiges Ziel dar. Dabei sind Verbesserungen um erhebliche Größenordnungen zu erwarten. 10 Prozentsprünge sind keine Verbesserungen um Größenordnungen. Beim Business Reengineering spricht man von Verbesserungen um 30 Prozentpunkte und aufwärts. So sollen mittel- bis langfristig beispielhaft die Kosten um 35 Prozent gesenkt werden, die Qualität im Sinne der Kundenzufriedenheit um 30 Prozent gesteigert und der Umsatz um 45 Prozent gesteigert werden. Hammer und Champy sprechen, was den Kreditbewilligungsprozess bei IBM Credit angeht von Verbesserungen der Durchlaufzeit der Kreditanträge von sieben Tagen auf 4 Stunden, ohne neue Mitarbeiter anheuern zu müssen (die Mitarbeiteranzahl konnte sogar gesenkt werden). Die Anzahl der bearbeiteten Anträge ist sogar um das Hundertfache gestiegen. Also nicht um hundert Prozent, sondern um den Faktor von 100. Somit ist dem Unternehmen eine neunzigprozentige Reduzierung der Durchlaufzeit und eine hundertfache Verbesserung der Produktivität gelungen, was sicherlich der Definition des Business Reengineering sehr nahe kommt.[195] Aus diesen Gründen, wird der Return on Investment (ROI) bereits nach kurzer Zeit erwartet und auch einsetzen müssen.

Auch Kaizen folgt der Schlüsselidee, dass Qualität letzten Endes nichts kosten sollte. Kaizen fügt noch etwas hinzu, Kaizen sollte überhaupt keine zusätzlichen Kosten aufwerfen. Das Kernkonzept beruht auf den Mitarbeitern aller Hierarchieebenen und bedarf keiner zusätzlichen Investitionen. Ihre Ideen, ihre Vorschläge für Verbesserungen und ihre Initiativen beruhen auf gesundem Menschenverstand und sollten daher keine zusätzlichen Kosten verursachen. Nichts desto trotz sind wahrscheinlich bei großen Entwicklungsprojekten Trainings in Problemlösungs-techniken unersetzlich. Es werden Training-Workshops stattfinden, um die Kultur und Philosophie zu vermitteln.[196]
Kaizen fordert, dass für ca. 500 Mitarbeiter ein Minimum von drei Experten zur Verfügung steht, also Experten für Problemlösungstechniken, Projektmanagement und die Anwendung von unterschiedlichsten Werkzeugen. Sie sollten 100 Prozent ihrer Zeit dem Kaizen widmen können. Sie haben außerdem die Aufgabe Mitarbeiter zu motivieren, um das Engagement zu verbessern. [197]
Kaizen bedarf mindestens 5 bis 10 Prozent der Mitarbeiter, die zu Prozesstutoren ausgebildet wurden. Diese Tutoren werden innerhalb von vielleicht 2 Jahren trainiert und können dann mit ihren Kollegen eigene Seminare in Sachen Kaizen durchführen. Wenn man das alles in

[194] Hammer/Stanton (1995), S. 44
[195] Hammer/Champy (1994), S. 56
[196] Reiher (2006), n.p.a.
[197] Ibid.

Betrachtung zieht, kann die Unternehmensleitung nach 1 oder 1 ½ Jahren mit den ersten positiven Ergebnissen, was den ROI angeht, rechnen.[198]

Ein Unternehmen muss entscheiden, wie viel es möchte und in der Lage ist zu investieren.[199]

Trotz des Umstandes, dass Kaizen nicht einen Pfennig kosten sollte, beinhaltet der folgende Satz einen logischen Wert: „There is no return of no investment". [200]

Zusammenfassend lässt sich sagen, das bei Implementierung einer der Methoden, in einer Art und Weise, welche die Qualität und Profitabilität eines Unternehmens nachhaltig zu verbessern mag, die Management-Methode Kaizen weniger Investitionen benötigt als Business Reengineering.

Werkzeuge und Ziele innerhalb Kaizen und Business Reengineering werden von einigen grundlegenden Ähnlichkeiten begleitet. Wie festgestellt wurde, ist die Philosophie, die Art und Vorgehensweise, jedoch grundlegend anders. Die japanische Art ein Unternehmen zu führen, hat auf die Methode Kaizen einen großen Einfluss gehabt und findet sich im Kaizenkonzept immer wieder. In der Tat sind große Teile der Philosophie auch in der japanischen Mentalität und der Lebensweise vorzufinden. Business Reengineering zeigt nicht annähernd so viel kulturellen Einfluss.

Nachdem nun auf Gemeinsamkeiten und Unterschiede eingegangen wurde, sollte eine ausreichende Grundlage aufgebaut sein, um der Antwort auf die Frage, welches Management-System das Geeignetste für ein bestimmtes Unternehmen wäre, ein Stück näher gekommen zu sein. Um eine weitere Hilfestellung zu geben, soll das nächste Kapitel eine Richtlinie bereithalten, wie eine Implementierung angegangen werden könnte.

---

[198] Ibid.

[199] Ibid.

[200] Rheben (2005), S. 99 „Es gibt kein ‚return of no investment'"

5 Eine Richtlinie zur Implementierung

„Der globale Verdrängungswettbewerb zwingt die Unternehmen, alle Kräfte auf das zu konzentrieren, was sie besonders gut beherrschen."
C.K. Prahalad/G. Hamel

Jedes Unternehmen, egal wie groß möchte unter Umständen gerne ein Qualitäts-Management-System wie Kaizen oder Business Reengineering einführen. Was die Mitarbeiteranzahl im Unternehmen oder die Produktart bzw. die Dienstleistung angeht, gibt es keine Einschränkung. Erfahrung im Bereich Qualitätsmanagement ist zwar wünschenswert, jedoch keine Voraussetzung; Toyota und Taco Bell haben bereits große Erfahrung sammeln können, was Qualitäts-Management-Systeme angeht.

Wenn man sich die Unterschiede und Ähnlichkeiten zwischen Kaizen und Business Reengineering in Erinnerung ruft, dann gibt das folgende Kapitel Einblick in die Phase der Implementierung solcher Strategien und auch nützliche Zusatzinformationen, um die Entscheidung zwischen Kaizen zu erleichtern.

5.1 Die Voraussetzungen

Für Unternehmen, die ein Modell des modernen Qualitäts-Management-Systems einführen wollen, bestehen eine Reihe von Voraussetzungen. Einige von ihnen sind absolut Grundlegend, um das Bestehen eines Produktes oder einer Dienstleistung im Markt zu gewährleisten. Andere sind eher speziell und beziehen sich auf das neue System selbst. So gelten die folgenden Hinweise zur Umsetzung als ein ‚Muss', um ein Qualitäts-Management-System von Erfolg krönen zu können, und dieses unabhängig davon für welches Management-System man sich entscheiden wird.[201]

Produktnachfrage: Wenn ein Unternehmen kein Produkt in seiner Produktpalette hat, das der Nachfrage im Markt nachkommt, hat kein Qualitäts-Management-System die Chance dieses Unternehmen zum Erfolg zu verhelfen. Wenn man diesen Mindestumstand nicht erfüllen kann, dann wird das Unternehmen nicht lange im Markt Bestand haben, egal wie groß die Verbesserungen am Produkt oder Prozess sein sollten. Kaizen und Business

[201] Im Anhang (D) finden Sie für die Methode Business Reengineering (BR) eine „Selbstdiagnose", die Ihnen verdeutlicht, ob sie für eine erfolgreiche Implementierung von BR die Voraussetzungen bereits erfüllen.

Reengineering können viele Dinge unter eine Hut bringen, aber Qualitäts-Management-Methoden sind nicht erschaffen worden um eine Basis - Nachfrage beim Kunden aufzubauen, viel eher sorgen sie durch ihre Qualitätsverbesserungen dafür, dass eine bereits existierende Nachfrage vergrößert wird.[202]

Wissensgrundlage: Obwohl man ein Qualitäts-Management-System ohne vorhergehende Erfahrung aufbauen kann, müssen die Anwender vor Beginn der Umsetzung dafür sorgen, dass sie informiert sind, also schnell und effektiv ein fundiertes Grundlagenwissen aneignen.[203]

Betrachtet man die unterschiedlichen Management-Systeme ist es besonders wichtig, über die Eigenheiten und Besonderheiten und Vergleichbarkeiten der Systeme Bescheid zu wissen. Welches System passt am besten zu meinem Business, sollte dabei die zentrale Frage sein. Für die Antwort ist es notwendig, alle dafür nötigen Informationen zu sammeln und zu sichten, erst dann kann das passende Modell ausgesucht werden. Dieser wichtige Schritt muss unternommen werden, denn die Entscheider und Top-Manager sollten sich mehr als nur Basiswissen angeeignet haben.

Vor dem Zeitpunkt der Implementierung, sollten die Mitarbeiter an das neue Modell gewöhnt werden, indem sie diverse Trainings und Workshops besuchen. Im Falle von Kaizen sollten Workshops auf die bevorstehenden Veränderungen vorbereiten. In diesen Workshops, sollte man anhand von Beispielen und theoretischem Erörterungen die Kernideen von Kaizen vermitteln und vor allem die Mitarbeiter für die Idee begeistern. Außerdem müssen sie davon überzeugt werden, dass jeder - wirklich jeder - daran partizipieren muss, um das Unterfangen erfolgreich zu machen. Mitarbeiter, die Kaizenprojekte oder Verbesserungsvorschläge umsetzen, sollten gezielte Schulungen bezüglich Problemlösungstechniken und Projektmanagementstrategien durchlaufen. Kaizenexperten sollten nominiert, ausgewählt und ausgebildet werden.

Business Reengineering erfordert vor allem einen begeisterungsfähigen Anführer und ein erfolgreiches Kommunikationskonzept, geschulte Moderatoren (Prozessverantwortliche) und Experten für die erfolgreiche Umsetzung der „Radikalkur". Spezielle Schulungsprogramme wie es zum Beispiel das Six-Sigma- Konzept[204] zugrunde legt, sind nicht vorgesehen.[205]

---

[202] Reiher (2006), n.p.a.

[203] Ibid.

[204] Das Six-Sigma Modell empfiehlt die Ausbildung aller Mitarbeiter nach „Gürteln"; Niveau: grün -> schwarz, oberste Stufe: Champions

[205] Hammer/Champy (1994), S. 134

Die Top-Management-Verpflichtung: Der tiefgreifende Kulturwandel in einem Unternehmen erfordert die uneingeschränkte Teilnahme und Einbeziehung aller Mitarbeiter, vom Montageband bis hin zum Management. Jeder wird mit dem neuen Modell bekannt gemacht werden müssen und muss mit ihm vertraut werden. Um eine solch gewaltige Veränderung durchführen zu können, ist der uneingeschränkte Einsatz des Top-Managements unerlässlich. Ein Kulturwechsel ist, auch wenn die Methode selbst unter Umständen Bottom-Up (Produktionsprozesse) gesteuert erfolgen soll, ein Top-Down-Ansatz und bedarf aus diesem Grund eines enorm selbstbewussten und überzeugenden Führungsstiles. Eine starke Führungsetage spielt die entscheidende Rolle am Erfolg oder Misserfolg eines Veränderungsmanagements.[206] In der Tat ergab eine Umfrage von Eckes der mit seinem Buch *Managing the Balance Culture and Technical Change* bekannt wurde, dass fast 80% der Personen, die in einen Veränderungsprozess geraten sind, eine starke Führungskraft als entscheidenden Faktor für das Gelingen betrachten und 45% der Befragten keine oder eine schwache Führungskraft für das Scheitern verantwortlich machen.[207] Aus diesem Grund ist es so wichtig, dass das Management ein klares Ziel verfolgt und sich verpflichtet, in allen Fragen eine starke Position und Führungsrolle einzunehmen. Eine Einführung dieser Idee innerhalb einzelner Bereiche und damit die Verpflichtung nur eines Bereichsleiters, ist bei Weitem nicht genug und wird das Projekt zum Scheitern bringen.

Kommunikation: Weitere Details in der von Eckes durchgeführten Umfrage ergaben, dass es zwei weitere Faktoren gibt, die maßgeblichen Einfluss auf die erfolgreiche Einführung einer neuen Kultur haben. Das Fehlen von klaren Zielen erstens und die missliche Lage, dass die Notwendigkeit für einen Wandel nie wirklich erkannt wurde, führte in 79% - 87% aller Fälle zum Misserfolg.[208] Das Management muss sich zu allererst über die Gründe im Klaren sein, warum Kaizen oder Business Reengineering eingeführt werden sollte. (Eine unabdingbare Voraussetzung, um das Engagement anderer zu erreichen) Als nächstes muss diese klare Absicht und die Ziele an jeden Mitarbeiter kommuniziert werden, um ein unternehmensweites Verständnis für den Kulturwandel zu erzeugen und die neuen Arten der Tätigkeiten zu trainieren. Nur wenn die Mitarbeiter verstanden haben, um was es geht und ihr Einverständnis signalisieren, kann man sicher sein, den Grundstock für eine erfolgreiche Implementierung gelegt zu haben. Ein dann wachsendes tieferes Verständnis für ein neues System führt dazu,

[206] Eckes (2001), S. 5-7
[207] Ibid.
[208] Ibid.

dass die Durchführung von Projekten zielgerichteter und im Sinne des Qualitätsgedankens mit größerer Durchschlagskraft verläuft.

Natürlich gibt es Unternehmen, die mehr Voraussetzungen mitbringen. Die Angesprochenen sind jedoch die absolut notwendigen für eine erfolgreiche Implementierung. Wenn die Mindestvoraussetzungen erfüllt sind, sollte sich ein Unternehmen Klarheit verschaffen, wie es sein Ziel erreichen kann. Nun ist der Zeitpunkt gekommen, um die passende Management-Strategie zu diskutieren.

5.2 Die Auswahl der passenden Strategie

Es gibt viele unterschiedliche Management-Modelle auf dem Markt, die alle mit dem Ziel werben, die Qualität des Produktes oder die Dienstleistung eines Unternehmens zu verbessern. Und tatsächlich, alle haben oft irgendwo einen spezifischen Vorteil und sind aus diesem Grund nutzbare Bestandteile für Unternehmen, deren Struktur und Prozess-Organisation neu geordnet oder aufgebaut werden soll.

Bevor ein Management-System eingeführt wird, muss das Unternehmen also seine Bedürfnisse reflektieren und sich die Frage stellen, welches Verbesserungssystem diese Bedürfnisse am besten befriedigt. Die Unterschiede zwischen Kaizen und Business Reengineering und ihre zugrunde liegende Philosophie wurde ausführlich behandelt, die folgenden Seiten werden daher die wichtigsten Faktoren behandeln, die ein Unternehmen betrachten muss, um eine wichtige und schwere Entscheidung, nämlich die der Wahl eines geeigneten Management-Systems, fällen zu können. Des Weiteren muss ein Unternehmensleiter entscheiden, ob das Unternehmen einen Kulturwandel durchmachen soll, oder ob es reicht eine neue Methodologie nur auf spezielle Prozesse anzuwenden.

5.2.1 Die Modeerscheinung

Die Kritik, das moderne Qualitäts-Management-Systeme oft nur eine Modeerscheinung sind, ist dann richtig, wenn Unternehmen einer Modeerscheinung folgen, nur um das Gefühl los zu werden, nichts verpasst zu haben was unter Umständen zu einem Wettbewerbsvorteil gereicht hätte. In diesem Fall bezieht sich das auf das Thema Qualität. Manche Unternehmen machen den Fehler und führen eine Methode wie das Business Reengineering oder eine andere ein, nur weil sie gehört haben, dass es gut sein soll. Sie hören von anderen Unternehmen, dass sie neue Absatzrekorde aufstellen oder enorme Gewinnzuwächse verbuchen konnten. Die Kunden erkennen diese tollen Ergebnisse an, da sie glauben, dass dieses Unternehmen ihnen ein Produkt oder eine Dienstleistung mit weit überdurchschnittlichem Qualitätsniveau anbieten.[209] Hier liegt der Fehler in der Annahme, dass Unternehmen glauben, nur wenn Toyota oder andere etwas mit Erfolg machen, muss auch mein Unternehmen damit Erfolg haben. Ein Unternehmen muss wesentlich mehr tun als nur ein System kopieren. Selbstverständlich gilt dies besonders für Business Reengineering und Kaizen.[210] Es ist bekannt, dass 50 bis 70 Prozent aller Business Reengineering Projekte aufgrund von vielen möglichen Einflussfaktoren, nicht das gewünschte Ergebnis bringen.[211] Qualitätsmanagement muss ein Elementarereignis und darf keine Mode im Unternehmen sein.[212] Ansonsten wird das Unternehmen nicht erfolgreich sein und nur Ressourcen und Kapital verschwenden.

5.2.2 Die bindende Verpflichtung

Fast 70 Prozent der Business Reengineering Unterfangen kann für Betriebe, wie bereits erörtert, eine Gefahr sein. Zwar werden Veränderungen sichtbar, jedoch in einem viel geringeren Maße als angenommen und schließlich bleiben nur ca. 30 Prozent der Projekte übrig, die wirklich einen radikalen Wandel und Veränderungen um Größenordnungen herbeigeführt haben. Damit kann festgehalten werden, dass diejenigen, die Business Reengineering als eine neue Kultur implementiert haben, den größten Erfolg feierten. Diejenigen, die Business Reengineering nur als einfache Methode genutzt haben, um vorübergehend eine Verbesserung zu erzielen, haben nicht nur das Business Reengineering Konzept falsch interpretiert, sondern erleiden auch noch unbefriedigende Ergebnisse. Unternehmen, die nicht die Verpflichtung zu einer neuen Kultur erfüllen, verschwenden somit nur Zeit und Ressourcen.[213]

Taco Bell ist sicherlich ein Unternehmen, das einen enormen Durchbruch feiern konnte. Ein nicht überraschender Erfolgsfaktor war, dass sich alle, vom Zeitpunkt der Implementierung an, dem Kulturwandel verpflichtet haben. Die gleiche Voraussetzung gilt auch für das Kaizen, auch wenn Kaizen die Komplexität das Business Reengineering Prozesses nicht übersteigt. Kaizen hat wahrscheinlich auch dann Erfolg, wenn das Management nicht das Maximale ihrer

[209] Reiher (2006), n.p.a.
[210] Rush (2006), n.p.a.
[211] Hammer/Stanton (1994), S. 30
[212] Ramberg (2000), n.p.a.
[213] Schweiszer (2007), n.p.a.

Zeit zur Integration der Methode einsetzt. Wie auch immer, Kaizen bedarf einer enormen Verpflichtung aller. Je erfolgreicher das Projekt oder der kulturelle Wandel vorangehen soll und je komplexer die Strategie ist, umso wichtiger ist es diese Voraussetzungen zu erfüllen.

Abbildung 18: Phasen der Veränderungskurve

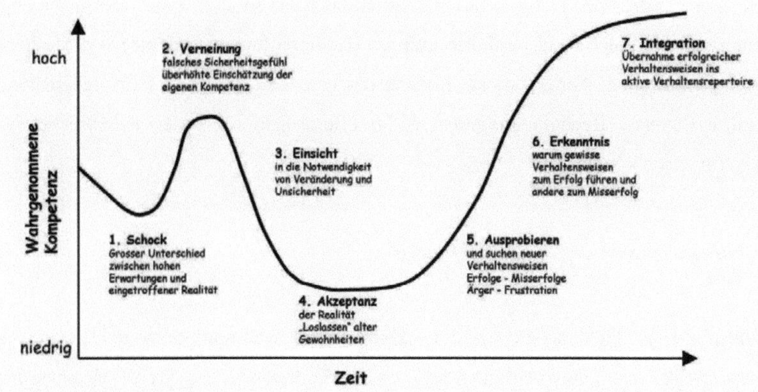

Quelle: K.D.H. & G.M. (2003), n.p.a.

5.2.3 Die lang- und kurzfristigen Ziele

Obwohl eine weniger ausgeprägte Verpflichtung zur Management-Methode Kaizen auch zu Erfolg führen kann, muss diese kontinuierlich und langfristig zugesichert werden. Kaizen ist keine Methode, während Business Reengineering vielleicht eher als Methode vorstellbar ist, beide jedoch können nicht einfach angewendet werden. „Nicht nur zwei Sprinter, sondern eine Masse an Marathon-Läufern soll gewonnen werden“[214], um für die Verbesserungsziele im Unternehmen zu arbeiten. Und mit Sicherheit ist es schwieriger eine Masse an Marathon-Läufern, oder eine große Gruppe an Mitarbeitern in Bewegung zu setzen, als ein Projekt durchzuführen, das nur von einer kleinen Anzahl an Projektmitgliedern realisiert wird.[215]

Um erfolgreich zu sein, reicht es nicht aus nur eine kleine Anzahl von gemachten Vorschlägen aus dem Vorschlagswesen umzusetzen. Kaizen verlangt nach langfristigem Handeln und generellem ‚Commitment'[216]. Es verlangt weniger nach kostenintensiven, innovativen Projekten, zwischen denen ein kontinuierlicher Verbesserungsprozess

[214] Reiher (2006), n.p.a.

[215] Ibid., n.p.a.

[216] Commitment: hier: Engagement Aller

vorangetrieben wird.[217] Abhängig von der Unterstützung und den Investitionen hinsichtlich der neuen Kultur Kaizen, sollte der Return on Investment, nach 1 bis 1 ½ Jahren positive Ergebnisse erkennen lassen.[218]

Ein Kulturwandel und ein umfassender Durchbruch im Sinne des Business Reengineering und die dazugehörige Verpflichtung, sowie eine uneingeschränkte Unterstützung aller, ist tendenziell eher kurzfristiger Natur, jedoch scheinen auch langfristige Ziele enorm wichtig, um die Unterstützung solch einer radikalen und um Größenordnungen verändernde Methode langfristig sicherzustellen. Anders als bei Kaizen, das eine Zeit braucht bis Erfolge sichtbar werden, sollte Business Reengineering bereits im Pilotprojekt die ersten bahnbrechenden Ergebnisse vorweisen können.[219]

5.3 Die Vorgehensweise der Implementierung

Die Einführung einer Qualitäts-Management-Methode ist bestimmt keine unkomplizierte Aufgabe und nichts, was einfach so durchgezogen werden kann. Schon das Vergleichen und Analysieren der unterschiedlichen Systeme, die ein Unternehmen ausmachen, braucht schon eine enorme Anzahl an Arbeitsstunden. Zu allererst muss man sich sicher sein, dass die Zeit für einen Wandel gekommen ist. Das ausgewählte System sollte kompatibel mit den operativen Vorgängen eines Unternehmens sein, was jedoch im Falle von Business Reengineering logischerweise zweitrangig ist. Auf jeden Fall muss eine Vielzahl von Fragen von einem Unternehmen beantwortet werden, welches irgendeiner Management-Philosophie folgen möchte. Die folgenden Seiten geben beispielhaft eine Richtlinie, eine Schritt-für-Schritt Anleitung, wie ein Unternehmen beginnen und weiter verfahren sollte, wenn es plant „Qualität im Unternehmen zu implementieren".

5.3.1 Schritt 1: das Sammeln von Informationen

Die Planung aller folgenden Schritte beginnt mit der Auswahl des richtigen Modells. Die Aufgabe ist es also die nötigen, aber so wichtigen Informationen zu sammeln. Literatur und andere Quellen eröffnen den passenden theoretischen Hintergrund eines neuen Konzeptes, sowie praktische Beispiele von Unternehmen, die bereits ein solches System erfolgreich umgesetzt haben. Auf diese Art und Weise gelingt es, die in Frage kommenden Qualitäts-

[217] Imai (1992), p. 48; Reiher (2006), n.p.a.
[218] Reiher (2006), n.p.a.
[219] Hammer/Stanton (1995), S. 44

Management-Methoden auf ein paar wenige einzuschränken. Die dann ausgewählten können anschließend noch mehr im Detail erforscht werden. Auf den folgenden Seiten nimmt der Autor an, dass Kaizen und Business Reengineering als bestmögliche Systeme identifiziert wurde.

5.3.2 Schritt 2: das Hinzuziehen von Experten

Wenn das Stadium der ,Grundlagen schaffen' überschritten ist, dann sollte man weitere Recherchearbeit leisten. Noch tiefer sollte man in das nun bekannte System eindringen und Details klären. Dieses wird zu weiteren Fragen führen, die nicht einfach dadurch beantwortet werden können, dass man auf einzelne Wörter bzw. auf den Inhalt von Büchern starrt. Es ist Zeit und wird empfohlen, sich den Rat von Experten zu holen, die langjährige Erfahrung im Bereich der ins Auge gefassten Methode sammeln konnten. Besonders für Unternehmen die keine Erfahrung mit einem Qualitäts-Management-System haben, ist die Suche nach einer beratenden, praktisch erfahrenen Kraft ein Muss.

Vor- und Nachteile eines externen Beraters[220]:

Pro

- Sie können von den Erfahrungen anderer profitieren.
- Sie erhalten Zugriff auf essentielle Fähigkeiten.
- Der Berater betrachtet die Situation im Unternehmen aus objektiver Warte.

Kontra

- Wichtige Fähigkeiten werden intern nicht aufgebaut.
- Es fallen beträchtliche Kosten an.
- Die Verantwortung des Beraters ist nicht klar definiert.

Eine große Anzahl von Unternehmen kontaktiert Institutionen, wie zum Beispiel das *Kaizen Institut, Deutschland.* In solchen Instituten werden Mitarbeiter unterschiedlichster Branchen und Leitungsebenen trainiert und mit der Umsetzung des Konzeptes vertraut gemacht.

---

[220] Hammer/Stanton (1995), S. 87

5.3.3 Schritt 3: die Auswahl der richtigen Methode

Externe Berater können wertvolle Ratschläge geben, welche die endgültige Entscheidungsgrundlage für die zukünftige Management-Methode sein kann. Das Top-Management sollte sich genug Informationen und Fachwissen angeeignet haben und seine Unterstützung anbieten. Es sollte sich außerdem der Verpflichtung gegenüber einer neuen Kultur im Klaren sein. Die Auswahl der richtigen Methode ist wohl die schwierigste Aufgabe für die zukünftige Management-Strategie. Aus diesem Grund sollte es nicht aus dem Bauch heraus geschehen, sondern aufgrund fundierter Erkenntnisse. Auch die Mitarbeiter sollten in die Entscheidungsfindung mit einbezogen werden um ihre Ideen schon im vor hinein mitberücksichtigen zu können und ihr Loyalitätsgefühl und ihre Motivation zu stärken.

5.3.4 Schritt 4: die Kommunikation

Wenn man sich schließlich für einen Kulturwandel im Unternehmen und für einen Methode entschieden hat, dann ist der nächste Schritt, die Mitarbeiter mit der Entscheidung und der neuen Unternehmenskultur bekannt zu machen. Alle wichtigen Informationen sollten dem Mitarbeiter zur Verfügung gestellt und eingehend erläutert werden. Im Falle von Business Reengineering und am Beispiel von Taco Bell wurde eine unternehmensweite Werbekampagne für das neue System gestartet, um die Mitarbeit eines jeden zu gewinnen. Jede Managementebene war für den Wandel über alle Ebenen verantwortlich, bis hin zum Arbeiter in der Küche. Dieser Vorgang war sehr erfolgreich und unterstrich die Wichtigkeit einer offenen und intensiven Kommunikation.

5.3.5 Schritt 5: der Aufbau der notwendigen Infrastruktur

Nachdem das Kommunikationskonzept Fuß gefasst hat, ist es an der Zeit die nötige Infrastruktur aufzubauen, um den Start des neuen Qualitäts-Management-Systems zu beschleunigen. Sowohl Kaizen als auch Business Reengineering setzen einen Rahmen, der unweigerlich dazu führt, dass eine bestimmte Anzahl von Mitarbeitern 100% ihrer Zeit dieser neuen Methode widmen müssen. Die totale Verpflichtung zu der dann betrachteten

Management-Methode setzt voraus, dass man im Falle von Kaizen neue Positionen schafft, wie zum Beispiel die eines „Kaizenexperten".[221]

Die Bildung von neuen Arbeitsfeldern mit ihren Standartarbeitsbeschreibungen, ist besonders für kleine Unternehmen wichtig, die Experten einstellen müssen, um eine erfolgreiche Implementierung gewährleisten zu können. Große Unternehmen, wie Toyota, schaffen es meist intern die entsprechenden Mitarbeiter zu rekrutieren und fortzubilden.

5.3.6 Schritt 6: die Ausbildung

Was die Business Reengineering Methode anbelangt, ist keine spezifische Ausbildung verlangt, vielmehr ist die Neugierde und die Offenheit wichtig, sich einem solchen fundamentalen Wandel, einer Neuordnung der Unternehmensstrukturen, hingeben zu wollen. Das Leben der Prinzipien ist entscheidend.

Was Kaizen angeht, ist jeder angesprochen. Workshops und spezielle, von Kaizen-experten durchgeführte Trainings sollten organisiert werden, um alle Mitarbeiter zu erreichen, fortzubilden und zu motivieren an Verbesserungen teilzunehmen. Das Ausbilden eigener Mitarbeiter als Kaizenexperten sollte als Selbstverständlichkeit angesehen werden. Die sogenannten Kaizenexperten widmen sich 100 Prozent der Zeit der Kaizeninitiative.

Diese Mitarbeiter auszuwählen und auszubilden ist ein besonders wichtiger Schritt um Kaizen zu einem erfolgreichen Unterfangen zu machen, er sollte daher sehr ernst genommen werden.

5.3.7 Schritt 7: das Pilotprojekt

Es ist wichtig, dass man ein Pilotprojekt wählt, das nicht zu komplex oder schwierig ist. Die Mitarbeiter müssen ihre ersten Erfahrungen mit der neuen Methodik und Kultur sammeln, dabei wäre es fatal, wenn sie auf ein Problem angesetzt werden, das Experten schon nicht zu lösen wussten. Zu Beginn sollte daher ein leichteres Projekt angegangen werden. Es lässt sich an einfacheren Projekten auch eher der PDCA Zirkel anwenden, als an einem zu komplexen Thema, bei dem schnell mal der Überblick verloren gehen könnte, wenn die Erfahrung fehlt. Auch was den Return on Investment angeht, werden sich die ersten positiven Ergebnisse früher einstellen, was dazu führt, dass alle Führungsebenen, die Arbeiter und Angestellten zusätzlich motiviert sind.

---

[221] Eine Ausbildung im *Kaizen Institut, Deutschland* ist möglich.

5.3.8 Schritt 8: die niemals endende Verantwortlichkeit

Wenn die Ziele für das Pilotprojekt und weiterführende Projekte erreicht wurden, könnte man annehmen, dass die Management-Methode nun eingeführt ist und weitere Projekte aufgegriffen werden. Wichtiger denn je ist es in Erinnerung zu rufen, dass es so manche Aufgaben und Verantwortlichkeiten gibt, die man zu jedem Zeitpunkt zu betrachten hat, egal wie viele Jahre die Implementierungsphase bereits vorüber sein mag. Niemals sollte das Management die Verpflichtung gegenüber der Methode und den damit verbundenen Aufgaben vernachlässigen. Es sollte den Umstand ständig neu betonen, dass man die erlernten Werkzeuge weiter anwenden und nutzen kann. Vergisst das Management danach zu fragen oder danach zu verlangen, könnte bei den Mitarbeitern ein Gefühl entstehen, sie müssten sich nicht mehr mit dieser Anwendung befassen und schon werden die erlernten Praktiken dahinschwinden.[222] Dies bezieht sich auch auf das Training und die Motivation eines jeden. Von grundlegender Wichtigkeit ist die kontinuierliche Anwendung der Management-Methode. Dieses bedeutet eine niemals endende Motivations- und Kommunikations-leistung der Führungskräfte, denn es ist keine Garantie, dass ein Mitarbeiter der einmal von einer Idee und der Wichtigkeit dieses Qualitäts-Management-Systems überzeugt war, immer auch ein enthusiastischer Anhänger bleiben wird. Oft ist das Gegenteil der Fall. So muss das Management jederzeit neue Motivationsgrundlagen schaffen. Es muss zu schätzen wissen (auch in Form von Geldeinheiten), wenn Vorschläge, zum Beispiel im Rahmen des Verbesserungswesens, gemacht werden.[223] Eine begleitende Kommunikationsstruktur kann diesen Willen und die Motivation unterstützen. Allen Mitarbeiter soll bewusst bleiben, was die Teilnahme an der Initiative bei jedem Einzelnen verändern konnte. Wenn ein Mitarbeiter einen Verbesserungsvorschlag gemacht hat und niemals mehr davon hört, wird dieser Mitarbeiter wahrscheinlich nicht sehr motiviert sein, einen weiteren Verbesserungsvorschlag einzureichen. Dieser Zustand ist tunlichst zu vermeiden.

5.3.9 Schritt 9: die Erweiterung der Strategie

Nachdem die ausgewählte Management-Strategie erfolgreich im Unternehmen eingeführt und umgesetzt wurde, sollte die Firma in Erwägung ziehen, die Qualitätspraktiken auch auf die Zulieferer auszuweiten. Ziel wäre es, die Logistikprozesse zu optimieren und das allgemeine

[222] Schweiszer (2006), n.p.a.
[223] Rush (2006), n.p.a.

Kommunikationsverhalten zum Zulieferer zu verbessern.[224] Wenn man diesem Ansatz folgt, wird ein Unternehmen von der konventionellen Annahme wegkommen müssen, dass man eine Reihe von potentiellen Zulieferern als Kooperationspartner an der Angel hat, und man zwischen diesen Zulieferern für Wettbewerb zu sorgen hat. Man wird sich von dieser Strategie weitgehend verabschieden müssen und nur die Unternehmen herauspicken, die Willens sind am kontinuierlichen Verbesserungsprozess teilzunehmen. In diesem Fall werden Unternehmen an Entwicklungsprojekten arbeiten, die ihre Zulieferer mit einbeziehen, wie es zum Beispiel für das JIT Management der Fall ist. Hilfe bei der Einführung minimaler Qualitätsstandards, dessen Nichterfüllung mit der augenblicklichen Rücksendung an den Zulieferer enden würde, ist ein weiteres Beispiel für die Ausweitung der eigenen Strategie auf die Lieferanten. Das mag sogar so weit gehen, dass man die Zulieferer motiviert die eigene Management-Philosophie gänzlich zu übernehmen. Wenn das gelingt, kann man damit rechnen, dass die angelieferten Materialien, Baugruppen und Komponenten von höherer Qualität sein werden.[225]

Die Voraussetzungen und die erläuterten Schritte zur erfolgreichen Implementierung eines Qualitäts-Management-Systems sind in diesem Kapitel ausgeführt worden. Natürlich mag es weitere und detailliertere Spezifikationen geben, um ein passendes System zu finden und zu integrieren. Besonders mag das dann der Fall sein, wenn man sich den Unterschied zwischen der Anwendung ‚nur' einer Methode oder einer Veränderung der gesamten Unternehmenskultur verdeutlicht.

Nach der Implementierung werden die Organisationen und Mitarbeiter weitere Techniken erlernen, die sie der Road-Map[226] hinzufügen können, oder sie nutzen es einfach als zusätzliche Werkzeuge für die Verbesserung des Unternehmens und seiner Prozesse. So wird sich die neue Management-Strategie im Laufe der Zeit, der Art des Geschäftes bestmöglich anpassen können.

[224] Rheben (2005), S. 96
[225] Rheben (2005), S. 96
[226] Road – Map: hier: Entwicklungsplan des Projektes

6 Ergebnis und Ausblick

Sollten Ihnen meine Aussagen zu klar gewesen sein, dann müssen Sie mich missverstanden haben.
Alan Greenspan

Am Anfang der Arbeit lautete die Forschungsfrage, ob Kaizen oder Business Reengineering, zwei Management-Methoden, die gemeinhin als sehr unterschiedlich bezeichnet werden, zusammengeführt werden und sich gegenseitig sogar unterstützen können. Kaizen als Qualitätsmanagement-Methode involviert jeden einzelnen Mitarbeiter eines Unternehmens, indem es bereits existierende Ressourcen und Vorgänge im Unternehmen nutzt, um inkrementale Verbesserungen herbeizuführen. Dabei nutzt Kaizen eine Reihe von Methoden, die alle dazu führen, dass das Qualitätsniveau der Unternehmung eine neue Dimension erlangt.

Business Reengineering hingegen setzt die Vorgänge und Strukturen auf ein ‚Zero Base'[227] – Level und bringt das Unternehmen durch Innovation im Prozessdenken und IT Unterstützung auf neuen Kurs. Auch hier wird der Qualitätsbegriff neu definiert.

Die bisherigen Erörterungen der Arbeit widerlegen die Annahme, dass Kaizen oder Business Reengineering nur einfache Modeerscheinungen darstellen. Sie zeigen, dass beide Methoden wirklich zunächst unterschiedlich, die Kernelemente, kurzfristig betrachtet, aber durchaus ähnlich sind, denn es werden gleiche Ziele und Qualitätsniveaus versprochen. Klar wurde wohl, dass beide Methoden in unterschiedlichen Situationen angewandt werden, ein Zusammenspiel beider Systeme aber vorteilhaft zu beurteilen ist. Business Reengineering bleibt zwar in punkto langfristige Management-Methode einige Fragen schuldig, denn welche Werkzeuge sollen an die Stelle des ständigen Verbesserungsprozesses von Kaizen heranreichen oder wie soll das neue Unternehmen seinen gewonnenen Standard in einer sich ändernden Marktumgebung behaupten? Business Reengineering gibt keine oder nur wage Antworten auf diese Frage. Kaizen wäre die sinnvolle und sehr empfehlenswerte Ergänzung.

Kaizen und Business Reengineering können die Qualität des Produktes oder der Dienstleistung entscheidend verbessern. Der Fokus auf die Prozesse, die Kunden, die Vermeidung von Ressourcenverschwendung, setzen bereits eine beachtliche Grundlage für ein zukünftig erfolgreiches Unternehmen.

[227] ‚Zero Base': hier: von null anfangend: „grüne Wiese"

Was von der Problemstellung dieser Arbeit noch nicht beantwortet wurde, ist die Frage, ob diese beiden Management-Methoden verbunden werden können, und ob eine solche Paarbildung noch bessere Ergebnisse hervorrufen würde?

6.1 Versuch einer Methodenzusammenführung

Kaizen und Business Reengineering haben eine sehr unterschiedliche Herangehensweise, was den Verbesserungsprozess anbelangt. Trotz der Übereinstimmung in den Kernelementen wie Prozessdenken und Kundenorientierung, scheint die Art der Methodik, nur in geringem Maße geeignet zu sein, sich im selben Moment zu ergänzen.[228]
Aus diesem Grund kann angenommen werden, das Kaizen und Business Reengineering zwar nebeneinander im Unternehmen existieren können, im Sinne einer Qualitätsverbesserungsstrategie sind sie allerdings nicht simultan in der praktischen Umsetzung zu empfehlen.[229] Verdeutlicht man dies an einem Beispiel, so wird man schnell feststellen, dass Kaizen für eine langfristige und nachhaltige Verbesserung der Unternehmensvorgänge wesentlich besser geeignet ist. Business Reengineering lässt viele Fragen der Nachhaltigkeit offen und muss seine strategisch, langfristiges Tauglichkeit in den Unternehmen vielfach erst noch beweisen.

Business Reengineering nimmt, wenn man so will, die Position der Innovation oder des Innovators ein. Es sorgt durch die Neusausrichtung des Unternehmens für ein deutlich höheres Qualitätsniveau, einem gestiegenen Warenumsatz und einer zunehmenden Kundenzufriedenheit. Kaizen bietet ergänzend die Werkzeuge der dann notwendigen ständigen Verbesserungsvorgänge, um den innovativen Input in einen sukzessiv und kontinuierlich ansteigenden Mehrwert des Produktes oder der Dienstleistung zu verwandeln.

Nicht im Weg stehen sich beide Strategien dann, wenn es um die Frage geht, wie ein Unternehmen die Qualität seiner Produkte und damit die Kundenzufriedenheit steigern kann. Hierbei sind beide Methoden hervorragend einsetzbar. Business Reegineering erfordert Kreativität und Umdenken in allen Facetten einer Unternehmenskultur. Traditionen werden gebrochen, funktionales Abteilungsdenken wird zu prozessorientiertem und teambildendem Handeln. Gut durchgeführtes Business Reengineering wird den Erfolg schon sehr bald sichtbar machen. Dies ist erfahrungsgemäß eine besonders große treibende Kraft für die

[228] Rush (2006), n.p.a.
[229] Schweiszer (2007), n.p.a.

Durchführung dieser Management-Methode. Der Kulturwandel im Unternehmen wird dann durch Begeisterung und Überzeugung geprägt.
Kaizen hingegen zeigt seine Macht in zunächst einmal, kleinen Schritten. Dabei macht die Summe der vielen kleinen Fortschritte den Gesamterfolg dieser Management-Methodik aus. Auch lässt sich der Erfolg erst später in Zahlen wiedergeben. Der Kulturwandel geht langsam voran und fordert dauerhafte Disziplin. Die Überzeugungskraft, Schulungen und die Freude an kleinen Fortschritten sind auf einem hohen Niveau zu halten. Auch das Kaizen, setzt das Prozessdenken, das Anheben der Kundenzufriedenheit und Bilden von Prozessteams, an oberste Stelle, dabei ist es unwesentlich, dass Abteilungsgrenzen und Schnittstellen anderer Art weiter existieren und bestehende Strukturen, Kapazitäten und Ressourcen nicht einem völligen Neuaufbau unterzogen werden. Kaizen macht aus den vorhandenen Bausteinen in einem fortwährenden Prozess mehr und mehr.
Es wird leicht vorstellbar sein, dass die unterschiedlichen wirtschaftlichen Situationen eines Unternehmens und der größtmögliche Erfolg eine entscheidende Rolle bei der Auswahl einer der beiden Management-Strategien einnimmt. Business Reengineering wird wohl eher in schwierigen Krisensituationen das Werkzeug sein, das mit schnellen Erfolgen, vor allem monetärer Art, auf sich aufmerksam machen kann. Kaizen hingegen wird eher für die Unternehmen in Frage kommen, die auf den schnellen, vor allem monetären Erfolg, nicht in dem Maße angewiesen sind.
Eine weitere Möglichkeit beide Management-Strategien zu kombinieren, bezieht sich auf die Art der Projekte innerhalb der Qualitätsoffensive. Während Kaizen regen Gebrauch von den Vorschlägen der Mitarbeiter macht und damit den wohl bekanntesten Ansatz einer kontinuierlichen Verbesserung aller Vorgänge bereithält, kann das Business Reengineering dann weiterhelfen, wenn die Lage, in der man steckt nicht ganz klar ist. Ein Beispiel: Ein Unternehmen weiß, dass es in einem bestimmten Bereich von unbestimmten, vielleicht sogar von unbestimmbaren Faktoren, negative Einflüsse erfährt. Kein Mitarbeiter und kein Verbesserungsvorschlag halfen weiter. Man möchte aber, da es einen Teil des Kernbereichs des Unternehmens betrifft, an diesem Produkt oder dieser Dienstleistung festhalten. Business Reengineering bietet hier durch das Prozess Reengineering jedem die Möglichkeit, die Situation neu zu überdenken, indem sich jeder Teammitarbeiter die Frage stellen muss: Wie würde der Vorgang aussehen, wenn wir ihn komplett neu aufbauen und gliedern könnten, ihm ein modernes Gesicht verleihen würden. Es entstünde etwas von Grund auf Neues und hoffentlich Sinnvolles. Nach dem Aufbau der neuen Unternehmensstrukturen spielt das Kaizen die erste Geige, Kaizen verbessert das neue System auf kontinuierlicher Basis in

einem fort. Somit ergänzen sich die Methoden in einzigartigem Maße. Eine Kombination ist mehr als vorteilhaft.

Trotz dieser teilweise sehr vorteilhaften Möglichkeiten einer Kombination beider Methoden, sollte man berücksichtigen, dass Management-Systeme nicht in den innerbetrieblichen Wettbewerb gestellt werden sollten. Ein Unternehmen muss heute entscheiden, ob bei manchen Projekten oder Qualitätsoffensiven eher Kaizen oder das Business Reengineering angewandt werden soll. Management-Methoden können sich gegenseitig unterstützen, aber ein Wettbewerb untereinander sollte tunlichst vermieden werden, denn früher oder später wird dies in nicht zufriedenstellenden Ergebnissen enden.[230]
Solange die unterschiedlichen Herangehensweisen immer im Blickfeld bleiben, sollten keine weiteren Probleme bei der Auswahl auftreten. Wie in der Arbeit bereits mehrfach hervorgehoben, ist das Ziel von Kaizen die Verbesserung der Qualität von Produkt und/oder Dienstleistung mit dem nicht unwichtigen Nebeneffekt eines langfristigen finanziellen Gewinnanstiegs. Business Reengineering fokussiert sich letztendlich auf einen raschen Produktivitätsanstieg, der sich genauso schnell in einer steigenden Rentabilität bemerkbar macht. Letztendlich streben beide nach denselben Zielen und es lässt sich einmal mehr sagen: Im Miteinander ergeben sich daraus hervorragende Möglichkeiten. Ob sich die Anwendung beider Methoden nun tatsächlich positiver auf die Unternehmung auswirkt als lediglich die Anwendung einer Methode, lässt sich nicht abschließend sagen, hierzu fehlt es an repräsentativem Zahlenmaterial. Die externen, wie internen Einflussfaktoren, das Durchhaltevermögen und die Disziplin entscheiden über den Erfolg und Misserfolg einer erfolgreichen Implementierung und zahlreiche Unternehmen hatten durch die Anwendung einer Methode schon den erhofften Erfolg.

6.2 Kaizen oder Business Reengineering: Die Frage der Reihenfolge

Business Reengineering ist in seiner Struktur und seiner Methodik weniger auf Methodenkenntnisse angewiesen als Kaizen. Letzteres erfordert intensive Schulungen und Expertenwissen, um die Werkzeuge, wie Kanban, TPM, TQM, QC usw. gewinnbringend ins Unternehmen zu integrieren. Kaizen als wirkliche Kultur mag eine größere Zugehörigkeit und Verpflichtung gegenüber der Qualität sein, als es das Business Reengineering ist. Business Reengineering ist dazu viel zu neu, zu radikal und einfach gegliedert. Aus diesem Grund folgt

[230] Rush (1006), n.p.a.

der Schluss, dass bei einer möglichen Kombination beider Methoden Business Reengineering als Einstieg eher geeignet ist, als die komplexere Kaizen-Strategie.
Das Business Reengineering hat wenig kulturelle Wurzeln, zeigt jedoch in dem Grundbestreben große Ähnlichkeiten mit der Kaizenstrategie, die ein hohe Kundenzufriedenheit, höchste Qualitätsansprüche und Prozessorientierung auszeichnet. Was die Werkzeuge angeht, ist Business Reengineering einfacher zu handhaben und kann eine solide Basis sein, um zu einem späteren Zeitpunkt Kaizen als Management-Methode einzuführen.
Angenommen Business Reengineering wurde zuerst durchgeführt, dann wissen die Mitarbeiter was eine kunden- bzw. prozessorientierter Unternehmensaufbau bedeutet, kennen sich aus mit verschiedenen Tools der Prozessmodulierung und sehen den Erfolg, den die Implementierung mit sich brachte. Alle folgenden Schritte für eine Kaizenimplementierung werden, was das Training und die Umsetzung angeht, wesentlich einfacher von statten gehen.
Ein weiterer Grund warum Business Reengineering zuerst eingeführt werden sollte ist, dass es eine hervorragende Basis schafft, um die strategische nach Kernelementen geführte Ausrichtung der Unternehmung zu erreichen. Kaizen als Nachfolger kann die Früchte ernten, die höher hängen mögen und manifestiert gleichzeitig das Qualitätsniveau. Es macht keinen Sinn in einem Unternehmen Kaizen einzuführen in dem alles drunter und drüber geht. Business Reengineering schafft die richtigen Strukturen. Es ist ein hervorragendes Werkzeug, um Struktur zu schaffen und eine erfolgreiche Basis für Kaizen zu legen, das ein noch höheres Qualitätsniveau erreichen lässt.[231]
Um den Wahrheitsgehalt dieser Aussagen zu unterstreichen, Toyota hatte bereits beträchtliche Erfahrung in der Anwendung von diversen Qualitätsmethoden gesammelt, bevor es sich schließlich für die zusätzliche Anwendung von Kaizen entschieden hat.[232] Toyota erzielte nach dessen Einführung weit bessere Ergebnisse.

So lässt sich die Forschungsfrage in wenigen Worten beantworten: Ja, Kaizen und Business Reengineering können nicht nur in Theorie, sondern auch in der Praxis sinnvoll miteinander verbunden werden. Ob allerdings die höher hängenden Früchte erreicht werden können, kann abschließend nicht beantwortet werden. Trotzdem und das wurde in dieser Arbeit ausgearbeitet, Business Reengineering kann den Weg für eine erfolgreiche Kaizenstrategie ebnen. Es ergänzen sich beide Methoden der jeweiligen Situation entsprechend, Business Reengineering als revolutionärer Neuanfang und Kaizen als evolutionärer Verbesserer hin zu

[231] Schweiszer (2007), n.p.a.
[232] Rush (2006), n.p.a

einer fehlerbefreiten, kundenfreundlichen, prozessorientierten Produkt- und/oder Unternehmens-dienstleistung.

6.3 Ausblick

Beide, Kaizen und insbesondere das Business Reengineering, wurden im letzten Quartal des zwanzigsten Jahrhundert entwickelt. Kaizen erreichte in wenigen Jahren mit Toyota als Vorreiter eine außergewöhnliche Stellung innerhalb der Qualitätsmanagement-strategien. Viele Unternehmen sehen Toyota und auch Nissan als Vorbilder an und streben ebenso nach deren Erfolg. In Europa immerhin mit beachtlichen Ergebnissen. Business Reengineering hingegen kämpft immer wieder mit Vorurteilen aus der Bevölkerung oder der gescheiterten Unternehmen. Business Reengineering ist keine Maschinerie, die die Menschen in die Arbeitslosigkeit schickt. Business Reengineering ist lediglich eine Methodik, die ein leckgeschlagenes Schiff wieder auf Kurs bringen soll. Trotz radikaler Veränderungen, teils auch mit drastischen Mitarbeiterentlassungen, wird das Unternehmen auf die Zukunft getrimmt.

Beide Methoden finden sich in immer größerer Anzahl auch in Europa wieder. Es zeigt sich aber, dass Kaizen noch einen gehörigen Vorsprung hat, vor allem was den Nachweis der langfristigen Erfolgs- und Qualitätssteigerung angeht. Gegenwärtig scheint Business Reengineering den Trend zu setzen, während Kaizen seinen Weg in eine immer größere Popularität eher schleichend und unterbewusst vollführt. Das Business Reengineering erlebt durch Erfolgsgeschichten und nicht zuletzt durch Bücher wie „Re-Engineering your Business" von Daniel C. Morris oder durch die „Business Reengineering" - Bibel von Hammer und Champy euphorisiert, besonders in den letzten zwei Jahrzehnten einen Hype, der von Amerika nach Europa und weiter nach Asien ausstrahlte. Es scheint, als habe sich Business Reengineering aufgrund der Presse und des allgemeinen Interesses der Öffentlichkeit ein überraschend großes und kontrovers diskutiertes Gehör verschaffen können.

Welche Methode nun in Zukunft eine größere Anwendungsbreite und Häufigkeit erfahren wird, hängt wohl maßgeblich von den weiteren und vor allem nachhaltigen Erfolgsmeldungen ab, die beide Methoden in Zukunft für sich beanspruchen können. In Europa ist die Bekanntheit beider Methoden immer noch nicht auf dem Niveau, wie es zum Beispiel in Asien bezüglich Kaizen und im Falle von Business Reengineering in Amerika anzutreffen ist.[233] Es ist also keine Frage, dass für beide Management-Strategien noch genügend Luft nach oben herrscht. Abzuwarten ist, welche Methode sich langfristig durchsetzen wird.

[233] Magnussen (2004), n.p.a.

Anhang A: Zusammenfassung der Umfrage zum Thema Qualität

Zusammenfassung

Das Wort Qualität wird heute in vielen Situationen angewandt, ohne sich darüber im Klaren zu sein, was Qualität tatsächlich bedeuteten könnte. Man wird feststellen, dass es nicht so einfach ist das Wort Qualität in ein kurzes Statement zu packen. Warum ist das so?
Die Umfrage unter Menschen mit unterschiedlichstem Alter (17 -70 Jahren) und unterschiedlichem Bildungsniveau (Schüler, Studenten, Angestellten, Freiberufler, Rentner und Behinderte) untersuchte genau diese Frage. Die Teilnehmer wurden gebeten, ihre persönliche Meinung zum Thema Qualität aufs Papier zu bringen. Was ist Qualität? Die Antworten die zurückkamen waren dabei erstaunlich unterschiedlich:

Qualität ist…

> … ein Synonym für Güte und das Gegenteil von Quantität.
> … auf nichts zu verzichten (Lebensqualität),
> überdurchschnittliche Beratung im Geschäft (Servicequalität)
> und keine Mängel am Produkt (Produktqualität).
> …alles was mit Liebe gemacht ist und mehr Zeit braucht.
> …wenn der Kunde zurückkommt und nicht die Ware.
> …bei jedem Menschen anders definiert.
> … in Bezug auf ein Produkt, für mich, Güte,
> Ausführung, Langlebigkeit und Funktionalität die den
> Durchschnitt ähnlicher Produkte übersteigt.
> … gute handwerkliche Ausführung, große Zuverlässigkeit,
> ansprechendes Design (an 2. Stelle), ggf.
> überdurchschnittliche Garantieansprüche, stimmiges Preis-
> /Leistungsverhältnis, aktueller Stand der Technik.

Die Definition, die am ehesten einer heute bekannten Definition entspricht, kam von einem Studenten:

Qualität ist…

… das Erfüllen von allen Anforderungen, gestellt vom Empfänger bzw. Kunden an das Produkt oder den Service.

Summa Summarum zeigt die Umfrage, dass es keine alle Qualitätsnuancen umfassende kurze Definition von Qualität gibt und sie beweist die Annahme, dass Qualität an sich eigentlich nicht definiert werden kann. Bedeutende Persönlichkeiten im Bereich des Qualitätsmanagements vertreten zwar ähnliche Ansätze, was ihre Methoden angehen, jedoch schaffen auch sie es nicht, ihre Definition von Qualität auf einen gemeinsamen Nenner zu bringen.

Deming, ein amerikanischer Unternehmensberater und Statistiker, definiert Qualität folgendermaßen: „Qualität ist alles was ein Produkt von anderen Produkten aus der Sicht des Kunden erweitert.“[234] Deming versucht in seinem Buch *Out of the crisis* Qualität eher anhand von Beispielen zu verdeutlichen, als anhand einer Definition.
Aguayo, Autor des Buches *Dr. Deming, der Amerikaner, der den Japanern Qualität beibrachte,* erklärte lieber was Qualität nicht ist, anstatt eine exakte Aussage vorzulegen.
Juran, beschreibt Qualität als „fitness for use or purpose.“[235] Juran beschreibt, dass Qualität nicht gleichzeitig mit einer Qualitätsverbesserung einhergeht, sondern mit geplanten Unterfangen in Form unterschiedlichster Projekte.[236]
Wenn man Qualität als „Übereinstimmung mit den Anforderungen“[237] betrachtet, so passt dazu Crosby seine Null-Fehler-Philosophie. Das heißt für ihn, ist Qualität einfach nur Alles, was die Anforderung erfüllt. In der Unternehmerlandschaft bezieht sich diese Aussage naturgemäß auf die Anforderungen des Kunden gegenüber einem Produkt oder einer Dienstleistung.[238]

Alles in allem scheint Qualität ein sehr vager Begriff zu sein, was auch die Schwierigkeiten erklären könnte, warum Unternehmen die Bedürfnisse ihrer Kunden nur bedingt in die Realität umzusetzen vermögen.

---

[234] Aguayo (1990), S. 35
[235] Bank (1992), S. 71
[236] Ibid.
[237] Ibid., S. 76
[238] Ibid.

Anhang B: Experteninterviews

Die Auswahl der Experten und des Erhebungsinstruments

Die Einleitung und das Ziel der Untersuchung

Nachdem die Grundlagen erarbeitet, die Dimensionen beider Systeme erläutert und nun die Analyse beginnen soll, geht es im folgenden Kapitel um Meinungen von Wissenschaftlern und Experten, die es erlauben u.a. einen Bezug zur heutigen Zeit herstellen zu können. Das Ziel des Autors ist, Experten und Organisationstheoretiker zu beiden Management-Methoden zu befragen, wobei erwartet wird, dass nur in einer Management-Methode wirkliches Experten Know-How bereitsteht, während in der jeweiligen anderen Management - Methode Grundlagenwissen vorausgesetzt wird. Der Autor erhofft sich dadurch, seine Ausführungen noch lückenloser erfassen, beschreiben und analysieren zu können.
Als Erhebungsinstrument wird das qualitative, halbstrukturierte Interview gewählt. Diese Methode ermöglicht es, innerhalb des Interviews auf interessante Bemerkungen näher einzugehen, ohne den roten Faden zu verlieren. Der qualitative Aspekt des Interviews wird vorgezogen, weil eine quantitative Studie einerseits zu aufwendig, andererseits im vorliegenden Fall sehr schwer zu gestalten wäre. Mit dem offenen, halbstrukturierten Interview können die gesetzten Ziele durchaus erreicht werden.

Die Begriffsbestimmung qualitativer Analysen

Um die Erhebungsmethode genauer zu definieren, werden im Folgenden drei Teilaspekte getrennt vorgestellt. Als erstes erfolgt die Entscheidung zwischen offenen und geschlossenen Interviews. Die Untersuchung liegt darin, dass die befragte Person bei einem offenen Interview frei antworten und ihre Formulierungen selbst bestimmen kann. Die geschlossene Variante würde die Antworten jedoch einengen, der Befragte erhielt dabei keinerlei Freiheitsgrade. Eine zweite Dimension ist die Strukturiertheit eines Interviews. Dabei geht es um die Freiheitsgrade des Interviews, welche bei einem unstrukturierten Interview am größten sind und mit dem Ausbau der Interviewstrukturierung kontinuierlich abnehmen. Konkret bedeutet dies, dass ein unstrukturiertes Interview keine fest definierten Fragen kennt, ein teilstrukturiertes Interview relativ grob in Themenbereiche und Stichworte unterteilt ist und ein vollständig strukturiertes Interview einem starren Fragenkatalog unterliegt. Die dritte und letzte Dimension ist die Untersuchung zwischen qualitativen und quantitativen Interviews und bezieht sich auf die Auswertung des Interviewmaterials. Geschieht die Analyse der Befragungen mittels qualitativ-interpretativen Techniken, so handelt es sich um qualitative Interviews, andernfalls müsste die Auswertung rein quantitativ, sprich mittels Quantifizierung der Daten und statistischer Analyse durchgeführt werden.[239]

Das Erhebungsverfahren

Als mögliche Erhebungsverfahren stehen in qualitativen Analysen auf sprachlicher Basis gemäß Mayring grundsätzlich drei Möglichkeiten zur Auswahl: Gruppendiskussionen, problemzentriertes Interview und narratives Interview. Für diese Arbeit fällt die Wahl des Verfahrens auf das problemzentrierte Interview, denn Gruppendiskussionen sind mit den gewünschten drei Experten nicht zu realisieren und narrative Interviews führen in dieser breiten Thematik nicht zu den gewünschten Ergebnissen, weil die befragten Personen die jeweilige Erzählung in eine bestimmte, selbst gewählte Richtung führen würden. Zudem wäre eine Gegenüberstellung der verschiedenen Expertenmeinungen problematisch. Nach diesem Ausschlussverfahren bleibt also das problemzentrierte Interview übrig, welches nun näher vorgestellt wird.

Unter diesem Begriff werden alle Formen der offenen, halbstrukturierten Befragung zusammengefasst. Das Interview lässt die befragten Personen möglichst frei zu Wort kommen, um dabei ein nahezu offenes Gespräch zu ermöglichen. Das Interview ist auf eine bestimmte Problemstellung gerichtet, welche vom Interviewer bereits analysiert wurde. Der Interviewer hat nach der Erarbeitung der Grundlagen einen Leitfaden zusammengestellt und führt darin die Themen für den Gesprächsverlauf auf. Die Grundgedanken dieser Technik lassen sich mit den Schlagworten Problemzentrierung, Gegenstandsorientierung und Prozessorientierung zusammenfassen.

Folgende Vorteile können zu dieser Methode erwähnt werden:

- Überprüfbarkeit, ob der Befragte den Interviewer auch richtig versteht.
- Subjektive Perspektiven und Deutungen werden ermöglicht.
- Zusammenhänge und Strukturen in den Interviews können vom Befragten mitbestimmt werden.

[239] Mayring (1999), S. 49; Diekmann (1997), S. 373

Mittels dieser Interviewtechnik kann das Vertrauensverhältnis der Interviewpartner verstärkt werden, so dass ehrliche, offene und genaue Resultate möglich sind, weil der Interviewte sich ernst genommen und nicht eingeengt fühlt. Das folgende Schema in Abbildung 19 zeigt den Ablauf eines problemzentrierten Interviews.

Abbildung 19: Ablaufmodell des problemzentrierten Interviews

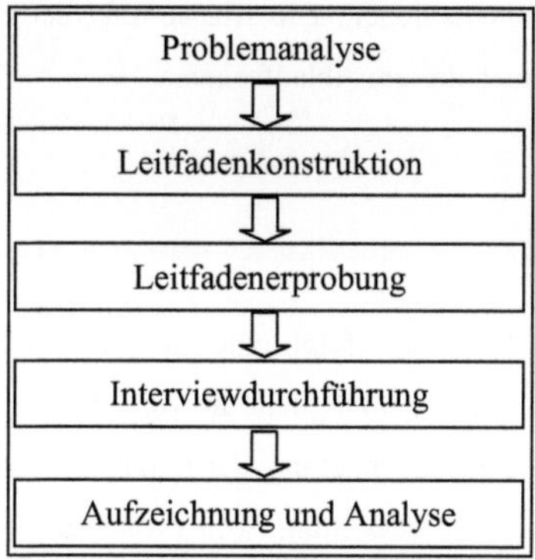

Quelle: Mayring (1999), S. 53

Die Problemanalyse ist im Rahmen der Literaturrecherche und des Erarbeitens der theoretischen Grundlagen für die vorliegende Arbeit vorgenommen worden.

Der Interviewleitfaden

Im Anhang A befindet sich der Interviewleitfaden, welcher auf die einzelnen Kapitel dieser Arbeit ausgerichtet ist. Der Leitfaden beinhaltet sowohl Sondierungsfragen, wie z.B. die Angaben betreffend der Aufgaben der jeweiligen Person mit den Management-Methoden als auch konkrete Leitfadenfragen. In der Pilotphase, d.h. der Erprobung des Interviews mittels Leitfadens, stellt der Autor fest, dass die Fragen verständlich sind und die vorgegebenen Zeiten im Normalfall eingehalten werden können. Dabei kommen nebst Sondierungs- und Leitfadenfragen auch Ad-hoc-Fragen zum Einsatz, um gewisse Themen vertiefen zu können und den Befragten zu weiteren Ausführungen zu bewegen. Der Interviewleitfaden ist in 6 Abschnitte unterteilt: Nach den einleitenden eher biographischen Fragen folgen im zweiten Teil die Fragen zu der betrachteten Management-Methode. Hierbei wird unterschieden in „ der Befragte arbeitet für ein Institut“ bzw. „der Befragte arbeitet für ein Unternehmen“.

Teil 3 des Leitfadens beinhaltet Fragen zu Management-Systemen allgemein. Der Befragte hat insbesondere hier die Möglichkeit seine persönliche Meinung mit einfließen zu lassen. Im 4. Teil werden die Fragen zu den Methoden Kaizen und Business Reengineering gestellt. Hier zählen z.B. die Ähnlichkeiten oder, wo liegen die fundamentalen Unterschiede. Im 5. Teil des Leitfadens wird auf die Kultur hinter den Methoden geblickt und der 6. Teil des Leitfadens ermöglicht es, dem Befragten einen Ausblick zu wagen, wie auch an der einen oder anderen Stelle noch Ergänzungen hinzuzufügen. Die Auswertung der drei Interviews folgt zwecks besserer Übersichtlichkeit auch diesem Ablaufschema.

Die Durchführung

Die Aufzeichnung der Interviews erfolgt einerseits in Notizen, andererseits durch die Aufnahmen auf Tonband. Letzteres ermöglicht die vollständige Zitierung des Interviews und erleichtert die Analyse und Gegenüberstellung der Expertenmeinungen. Die Aufbereitung des Materials hat eine sehr wichtige Bedeutung, weil die Deskription ein besonderes Anliegen qualitativer Forschung ist. Die beste Erhebung nützt nichts, wenn bei der Aufbereitung und Analyse unsauber gearbeitet wird. Die wörtliche Transkription ist definiert als eine vollständige Texterfassung verbal erhobenen Materials und dient als Grundlage für die ausführlichen interpretativen Auswertungen im folgenden Kapitel.[240]

Die Auswahl der Interviewpartner

Die Wahl der Interviewpartner hat sich darauf konzentriert, dass Wissenschaftler und Experten gewählt wurden. Dies ermöglicht eine Konsistenz innerhalb der Arbeit und hilft dem Autor gewisse Theorien vertiefter zu betrachten und zu analysieren und den Bezug zum heutigen Geschäftsumfeld zu schaffen. Per E-Mail wurden mögliche Kandidaten über den Interviewleitfaden, eine kurze Übersicht über die Themen der Arbeit sowie die Begründung für das Interesse an ihrer Meinung informiert. Damit konnten drei Experten für Interviews gewonnen werden. Im folgenden Kapitel werden die Gründe für die jeweilige Auswahl beschrieben, die Personen vorgestellt und die drei Interviews zusammengefasst.

[240] Mayring (1999), S. 50

Das Auswertungsverfahren

Nach der wörtlichen Transkription werden die jeweiligen Kernaussagen zusammengefasst. Bei dieser Reduktion wird darauf geachtet, die persönlichen Ansichten der Experten möglichst deutlich aufzuzeigen. Die Zusammenfassung der Interviews richtet sich in erster Linie nach dem Aufbau des Interviewleitfadens und dient als Grundlage der anschließenden Vergleiche zwischen den Meinungen. Dabei ist es dem Verfasser der vorliegenden Arbeit wichtig, grundlegende Unterschiede der Experten zur betrachteten Methode, sowie Ähnlichkeiten und auch allfällige Trends für die Zukunft zu filtern. Allerdings beinhaltet diese qualitative Analyse keineswegs statistische Signifikanzen, so dass die vorgestellten Theorien und Thesen ausdrücklich auf den Meinungen der interviewten Personen und den zitierten Quellen beruhen.

Anhang C: Experteninterview

Interviewleitfaden

1. Hintergrund des Befragten

Name:
Beruf:
Unternehmen (gegenwärtiger Arbeitgeber):
Unternehmen (in welchem die erste Erfahrung mit Managementmethoden gesammelt wurde):
Erfahrung mit der in der Arbeit beschriebenen Management – Methoden (z.B. Business Reengineering):
Jahre der Erfahrung:
Heutiger Forschungsschwerpunkt:

Grund des Befragten, sich näher mit der betrachteten Management – Methode zu beschäftigen (auch unter Berücksichtigung von anderen Management – Methoden):

Inwiefern ist der Befragte von der zweiten Management – Methode (siehe Ausführungen in der Arbeit) betroffen:

2. Fragen zu der betrachteten Management – Methode (abhängig vom Beruf werden entweder die Fragen aus Teil 1 oder Teil 2 gefragt werden)

1) Der Befragte arbeitet für ein Institut

Wie viele Unternehmen wenden die betrachtete Management – Methode an (in Europa)?

Wie viele und welche Industriezweige würde die betrachtete Management – Methode als Alternative Methode in Betracht ziehen?

Wird zur Implementierung oder dem „Kick Off" ein externer Berater (Experte) benötigt?

Inwieweit beeinflusst die Implementierung eines neuen Management – Systems ein Unternehmen, die Kultur im Unternehmen und ihre Angestellten?

Was ist bei der Implementierung eines Management – Systems die Schwierigkeit? Worin bestehen die Herausforderungen?

Wie kann man die Führungsaufgabe im betrachteten Management – System beschreiben? Wie wichtig ist die Unterstützung und/oder Loyalität des TOP – Managements gegenüber der betrachteten Methode?

<u>2) Der Befragte arbeitet für ein Unternehmen</u>

Wie viele Unternehmen (in Europa) wenden die betrachtete Managementmethode gegenwärtig an?

Als es Zeit wurde im Unternehmen eine neue Managementmethode einzuführen, welche alternativen Methoden wurden dabei in Erwägung gezogen?

Wie wurde die Management – Methode eingeführt? Wurden Experten zu Rate gezogen? Wie wurde die Implementierung durchgeführt?

Wie veränderte sich das Betriebsklima mit der Einführung eines Qualitäts – Management – Systems? Wurde das neue System von den Angestellten akzeptiert?

Was ist bei der Implementierung eines Management – Systems die Schwierigkeit? Worin bestehen die Herausforderungen?

Wie kann man die Führungsaufgabe im betrachteten Management – System beschreiben? Wie wichtig ist die Unterstützung und/oder Loyalität des TOP – Managements gegenüber der betrachteten Methode?

Welche Resultate brachte die Management – Methode? Half die Management – Methode bisher unbekanntes Potential für Verbesserungen zu entdecken? In welchen Unternehmensbereichen (z.B. Logistik, Produktion, Kundenservice, Andere) gelang dabei insbesondere eine Verbesserung?

3. Management – Systeme (hier wird hauptsächlich nach der persönlichen Meinung des Befragten gefragt)

Wie wichtig sind Management – Systeme wie Kaizen oder Business Reengineering für ein Unternehmen? Warum?

Ist die Anwendbarkeit für eine spezielles Management – System abhängig von dem Industriezweig, dem Produkt oder der Größe des Unternehmens?

Wenn man die Größe eines Unternehmens betrachtet (in Anzahl der Beschäftigten und Komplexität), ab welchem Zeitpunkt ist ein Management – System empfohlen oder überflüssig? Inwieweit macht es Sinn ein Management – System in einem Unternehmen anzuwenden, das Unternehmen nur 10 bis 50 Angestellte hat? Spielt die Größe überhaupt eine Rolle?

Was sind die lang- und was die kurzfristigen Ziele der betrachteten Management – Methode?

Was sind die Grundlagen die ein Unternehmen aufgebaut haben sollte um ein Management – System wie das Kaizen oder Business-Reengineering implementieren zu können? Welche Voraussetzungen gibt es? Was kann das Unternehmen für vorbereitende Schritte ausführen um die betrachtete Methode optimal implementieren zu können?

Welche Investitionen sind notwendig um die betrachtete Management - Methode langfristig profitabel zu machen (z.B. Kapital, Fortbildungen, Zeit, Andere)?

Wie lange dauert es bis sich die Investitionen amortisiert haben?
Inwieweit führt die Management – Methode zu einer Reduzierung der Kosten im Unternehmen? Können Sie konkrete Zahlen nennen?

In welchem Umfeld und/oder Unternehmen könnte Kaizen/Business Reengineering erfolgreich sein, indem Business Reengineering/Kaizen kein Erfolg bedeuten könnte?

Ist die Implementierung eines Management – Systems wirklich der Schlüssel zum Erfolg eines Unternehmens?

4. Kaizen und Business Reengineering

Einige Eigenschaften, Ziele oder Methoden von Kaizen und Business Reengineering sind sehr unterschiedlich, andere wiederum sehr ähnlich. Einerseits folgt das Business Reengineering der Idee der Prozessorientierung, welches auch der Kaizen – Schirm beinhaltet und bezieht die Angestellten eines Unternehmens mit ein um sie zu ermutigen Ideen zu sammeln und Anstrengungen für Verbesserungen zu unternehmen? Andererseits versucht Kaizen auf etwas schon bestehendem aufzubauen, während Business Reengineering eine radikale Neuausrichtung bevorzugt. Könnte es sein das Business Reengineering nur ein Teil einer erfolgreichen Strategie ausmacht und Kaizen die Methode darstellt die eine Management – System zu Ganzheitlichkeit reifen lässt oder vice versa?

Kaizen oder Business Reengineering nehmen Konzepte zu Verbesserungen an, die auf den ersten Blick sehr unterschiedlich sein mögen, aber nicht notwendigerweise grundlegend exklusiv sind. Wäre eine Verbindung von beiden Management – Methoden möglich oder sogar wünschenswert? (Verbesserungsprogramme könnten neben der radikalen Neuausrichtung durch Business Reengineering stehen)?

Worin sehen sie Vorteile und Nachteile in Bezug auf Kaizen oder Business Reengineering und in ihrer Kombination?

Das Konzept des Business Reengineering und Kaizen hat als zentralen Inhalt die Prozessorientierung. Ist die Konzentration auf die Prozessleistung der einzige Grund für den Erfolg oder steckt in Wirklichkeit mehr dahinter?

5. Kultur

Kaizen wurde zu einem Großteil von der japanischen Kultur und ihrer einzigartigen Art zu Denken und zu Handeln beeinflusst. Spielt das kulturelle Verständnis in der erfolgreichen Anwendung dieses Management – Werkzeuges eine große Rolle?

In wieweit ist Business Reengineering mit einem kulturellen Hintergrund verbunden?

6. Ausblick (hier wird hauptsächlich nach der persönlichen Meinung des Befragten gefragt)

Durch das weltweite Wachstum und der immer größer werdende Wettbewerb, schwören Unternehmen wie Toyota, GE, Siemens, Bell Atlantic, Taco Bell und Andere auf das Potential von strategischen Management – Methoden wie Kaizen oder Business Reengineering. Wie wird die Zukunft von Kaizen oder Business Reengineering aussehen? Was wäre der Wettbewerbsvorteil eines Unternehmens wenn alle Unternehmen eine Management – Methode anwenden würden, respektive der Methoden Kaizen und Business Reengineering?

Oft wird gesagt das Kaizen, Business Reengineering und andere Management – Methoden hauptsächlich eine Modeerscheinung sein sollen. Ist dieses Urteil gerechtfertigt?

Die Leitidee jeglicher Managementmethoden fußt auf Deming´s Gedanken über Qualität. Das Kaizen - Konzept wird bereits seit 1920 und Business Reengineering seit 1980 angewandt. Welche Anpassungen sind notwendig oder werden notwendig sein um sie an das aktuelle Geschäftsumfeld, das veränderte Umfeld und sozialen Beziehungen anzupassen, oder haben beide Ideen der Unternehmensführung heute immer noch das gleiche Potential und/oder Wert wie vor Jahrzehnten?

Anhang D: Die Selbstdiagnose als Voraussetzung einer erfolgreichen Implementierung

Die Einführung

Was dieser Anhang erreichen möchte ist, dem Leser eine Möglichkeit bieten, die Kenntnisse über das eigene Unternehmen auszuloten und zu testen.
Die Diagnose soll dem Lesenden die Stärken und Schwächen des eigenen Unternehmens aufzeigen. So werden zwanzig Aussagen ein Unternehmen beschreiben, das sich in einer guten Ausgangsposition für Business Reengineering befindet. Die Aussagen untergliedern sich in 3 Themenkomplexe.
Der Lesende sollte sich zu jeder Aussage überlegen in wieweit sie auf das Unternehmen zutrifft. Die Antwortmöglichkeiten variieren zwischen 1 und 5. 1 bedeutet dass die Aussage überhaupt nicht zutrifft und 5 hingegen heißt, dass sie voll und ganz zutrifft.
Im abschließenden Abschnitt kann der Leser den Test auswerten. Mindestpunktzahlen werden jeder Aussage, jedem Abschnitt und dem gesamten Test zugeordnet. Es werden keine Noten verteilt, aber es soll helfen die Problembereiche zu identifizieren. Wie die einzelnen Wertungen verbessert werden können entnehme der Leser Bitte dem Buch der Autoren Hammer und Stanton: *Die Reengineering Revolution: Handbuch für die Praxis* Seite 99 – 108, es würde den Rahmen dieser Arbeit sprengen.[241]

Ist der Leser gerüstet: Eine Selbstdiagnose

Die Führungsvoraussetzungen

1. Der Reengineering – Leader ist ein Mitglied des obersten Führungskreises, das sich stark für das Business Reengineering engagiert und genügend Macht und Einfluss besitzt, um fundamentale Veränderungen durchzusetzen. Wertung:______
2. Der Reengineering – Leader weiß genau, vorauf es im Business Reengineering ankommt und welche Veränderungen diese Radikalkur mit sich bringt – insbesondere in organisatorischer Hinsicht. Wertung:______
3. Der Reengineering – Leader hat eine Vorstellung davon, wie das Unternehmen nach dem Business Reengineering aussehen soll, und kann die operative Umstzung dieser Vision in klaren, einfach Worten beschreiben. Wertung:______
4. Der Reengineering – Leader ist bereit und in der Lage, die Führungsrolle zu übernehmen und durch Kommunikation, sein persönliches Verhalten und Systeme für

[241] Hammer/Stanton (1995), S. 94-99

die Erfolgskontrolle und Vergütung der Reengineering – Initiative zum Erfolg zu verhelfen. Wertung:______

5. Der Reengineering – Leader ist bereit, die für das Business Reengineering erforderlichen Unternehmensressourcen verfügbar zu machen und diesem Vorhaben genügend persönliche Aufmerksamkeit zu schenken. Wertung:______
6. Die gesamte Geschäftsführung teilt die Begeisterung des Leaders für das Business Reengineering. Wertung:______

Die Bereitschaft des Unternehmens

7. In allen Teilen des Unternehmens wird erkannt, das Business Reengineering und tiefgreifende Veränderungen erforderlich sind. Wertung:______
8. Das Unternehmen hat sich die Konsequenzen von Business Reengineering vor Augen geführt, einschließlich der Sache, das es zu multidimensionalen Veränderungen führt, die sich unter anderem auf Prozesse, Organisationsstruktur und Führungsaufgaben auswirken. Wertung:______
9. Die Mitarbeiter sind davon überzeugt, dass der Reengineering – Leader und die Führungsspitze sich wirklich für das Reengineering – Projekt einsetzen und dass dieses Engagement auch langfristig nicht nachlassen wird. Wertung:______
10. Das Unternehmen ist nicht von der Selbstgefälligkeit und Arroganz geprägt, die so häufig eine Folge langanhaltenden Erfolges sind. Wertung:______
11. Das Unternehmen ist frei von Symptomen wie Skepsis, Misstrauen und Widersprüchlichkeiten, die nach einem Personalabbau oder einer Umstrukturierung so häufig zu beobachten sind. Wertung:______
12. Das Unternehmen verfügt über ausreichende finanzielle und personelle Ressourcen zur Umsetzung des Reengineering – Vorhabens. Wertung:______
13. Wichtige Stabsfunktionen – Personalabteilung, Finanzwesen und DV – Abteilung – stehen dem Business Reengineering positiv gegenüber und können innovative Antworten auf seine Herausforderung finden. Wertung:______
14. Die Erfahrungen des Unternehmens mit der Qualitätsbewegung (TQM) haben ein Umfeld geschaffen, in dem die Grundsätze des Business Reengineering auf fruchtbaren Boden fallen werden. Wertung:______
15. Das Unternehmen legt großen Wert darauf, seine Kunden zufrieden zu stellen, und kennt ihre Bedürfnisse genau. Wertung:______

Vorgehensweise bei der Implementierung

16. Das Unternehmen hat ein gutes Gefühl bei der Art und Weise, wie Reengineering _ Projekte umgesetzt werden: mit Risiko- und Lernbereitschaft und vielen Mehrdeutigkeiten. Wertung:______
17. Die Mitglieder des Reengineering – Teams haben das Recht, „Regeln zu brechen" und traditionelle Annahmen in Frage zu stellen. Wertung:______
18. Die Reengineering – Initiative bezieht sich auf maßgebliche Geschäftsprozesse, nicht auf organisatorische Einheiten. Wertung:______
19. Den Führungskräften wurde die Gesamtverantwortung für die Prozesse übertragen, die nach den Grundsätzen des Business Reengineering neu gestaltet werden sollen. Ihre Motivation wird eine erfolgreiche Erneuerung dieser Geschäftsprozesse sicherstellen. Wertung:______
20. Die Systeme zur Erfolgskontrolle und die Leistungsvorhaben wurden so gewählt, dass sie tatsächliche die Fortschritte des Reengineering – Projekts aufzeigen können. Wertung:______

Testauswertung

In der nachstehenden Liste findet der Leser die Mindestpunktzahlen, die ein Unternehmen erreichen sollte. Einige Aspekte sind wichtiger, andere weniger und wurden daher mit unterschiedlicher Priorität versehen. Trifft eine Punktzahl nicht mir der erwarteten Punktzahl überein, ist das die erste Schwachstelle an der der Leser arbeiten müsste. Werden die erwarteten Punkte erfüllt, entbindet das keinen von seiner Pflicht sich auch weiterhin ins Zeug zu legen. Jede Wertung sollte weiter gesteigert werden um bestmöglich für das Reengineering – Unterfangen gerüstet zu sein. Der Leser sollten sein Hauptaugenmerk auf die einzelnen Aussagen legen und nicht auf das Ergebnis der gesamten Diagnose. Stärken in einem Bereich, mögen Schwächen in anderen Bereichen nicht unbedingt wieder wettmachen. Der Leser sollte außerdem beachten das die Mindestpunktzahlen für die drei Abschnitte jeweils höher ist, als die Summe der Mindestwertungen für die einzelnen Abschnitte. Der Grund: Ausreichende Wertungen in den einzelnen Kategorien sind noch keine Erfolgsgarantie; Der Leser muss schon in allen Bereichen stärken vorweisen können.

Mindestpunktzahlen

Die Führungsvoraussetzungen:

1: 4

2: 3

3: 4

4: 4

5: 4

6: 3

Mindestpunktzahl für Abschnitt 1: 24

Die Bereitschaft des Unternehmens:

7: 3

8: 2

9: 4

10: 2

11: 2

12: 3

13: 2

14: 3

15: 3

Mindestpunktzahl für Abschnitt 2: 28

16: 3

17: 4

18: 4

19: 3

20: 3

Mindestpunktzahl für Abschnitt 3: 18

Mindestpunktzahl für die Gesamtdiagnose: 75

Sobald der Lesende die Implementierung begonnen hat, steigen die Mindestvoraussetzung noch mal erheblich. Insbesondere für die Aussagen 1, 5, 9, 12, 18, 19 muss mindestens die 5 erreicht werden. Für die übrigen Wertungen sollte konsequent die Wertung 4 oder 5 gegeben worden sein. Mit fortschreitender Projektumsetzung sollte auch die Intensität zunehmen, was bedeutet, das Führung, Ressourcen und Fokussierung weiter verbessert werden müssen. Es lohnt sich also nicht, diesen Test nur einmal zu machen, sondern er sollte während der Implementierung immer wieder hervorgeholt werden um schwächere Felder zu identifizieren und zu verbessern. Falls der Leser die Mindestvoraussetzungen für erschreckend hoch halten soll, so sieht er das ganz richtig. Niemals wurde behauptet, das Reengineering ein Kinderspiel sei. Die Zugangsvoraussetzungen sind sehr streng.[242]

[242] Hammer/Stanton (1995), S. 99

Literaturverzeichnis

Deutsche Literatur:

Brehm S. (2001); Konzepte zur Unternehmensveränderung; Wiesbaden: Deutscher Universitäts-Verlag

Bösenberg D./ Metzen H. (1995); Lean Management – Vorsprung durch schlanke Konzepte; Landsberg: Verlag Moderne Industrie

Fließ S. (2006); Prozessorganisation in Dienstleistungsunternehmen; Stuttgart: W. Kohlhammer Verlag

R.M.Grant (2006); Strategisches Management – Analyse, Entwicklung und Implementierung von Unternehmensstrategien; Wiesbaden: Gabler

Helfrich C. (2001); Praktisches Prozess – Management; München – Wien: Carl Hanser Verlag

Hammer M./ Champy J. (1994); Business Reengineering – Die Radikalkur für das Unternehmen; Frankfurt/NY: Campus Verlag

Hammer M./ Stanton S. (1995); Die Reengineering Revolution – Handbuch für die Praxis; Frankfurt/M: Campus Verlag

Imai M. (1994); Kaizen – Der Schlüssel zum Erfolg der Japaner im Wettbewerb; Frankfurt/M: Ullstein-Buch

Karsten F. (2007); Modernes Management; München: Deutscher Taschenbuch Verlag GmbH & Co.KG

Kißler L. (1996); Toyotismus in Europa; New York: Campus Verlag

Kline P./ Saunders B. (1996); Zehn Schritte zur lernenden Organisation – das Prxisbuch; Paderborn: Junfermann Verlag

Koboyashi I. (1994); Die Japan Diat: 20 Schlüssel zum schlanken Unternehmen; Landsberg – Lech: Verlag Moderne Industrie

Liker J./ Meier D. (2007); Praxisbuch – Der Toyota Weg für jedes Unternehmen; München: Finanzbuch Verlag GmbH

Osterloh M./ Frost J. (1998); Prozessmanagement als Kernkompetenz – Wie Sie Business Reengineering strategisch nutzen können; Wiesbaden: Gabler

Schmalzl B./ Schröder J. (1998); Managementkonzepte im Wettstreit – TQM vs. BPR; München: C.H. Beck Verlag

Suzaki K. (1989); Modernes Management im Produktionsbetrieb; München/Wien: Carl Hanser Verlag

Schwager M. (1997); Kaizen – Der sanfte Weg des Reengineering; Freiburg: Haufe

Sebestyen O.G. (1994); Management-„Geheimnis" KAIZEN – der japanische Wer zur Innovation; Wien: Ueberreuter

Simon W. (1996); Die neue Qualität der Qualität: Grundlagen für den TQM- und KAIZEN-Erfolg; Offenbach: GABAL

Witt T./ Witt J. (2006); Der kontinuierliche Verbesserungsprozess (KVP) – Konzept – System – Maßnahmen; Frankfurt/M: Recht und Wirtschaft GmbH Verlag

Englische Literatur:

Aguayo J. (1990); Dr. Deming – The American who taught the Japanese about quality; New York: Fireside – Simon & Simon

Bank J. (1992); The essence of total quality management; Hertfordshire: Prentice Hall International (UK) Ltd.

Deming W.E. (1982); Out of the Crisis – Quality, Productivity and Competitive Position, Melbourne – Sydney: Cambridge University Press

Eckes G. (2001); Making Six Sigma Last – Managing the Balance between Cultural and Technical Change; New York: John Wiley & Sons, Inc.

Hammer M. (1996); Beyond Reengineering – How process-centered organisation changing our work and our lives; London: Harper Collins Publishers

Hino S. (2006); Inside the mind of Toyota – Management Principles for Enduring Growth; New York: Productivity Press, Inc.

Liker J.K. (2002); The Toyota Way – 14 Management Principles from the world´s greatest manufacturer; New York: MCGraw-Hill Proffessional

Morris D./ Brandon J. (1994); Re-engineering Your Business; US: McGraw-Hill, Inc.

Mullins L.J. (2002); Management and Organisational Behaviour; Financial Times: Prentice Hall

Shingo S. (1992); The Shingo Production Management System – Improving Process Functions; Cambridge - Norwark: Productivity Press, Inc.

Schneider S.C./ Barsoux J.L. (1997); Managing across cultures; Financial Times: Prentice Hall

Womack J.P./ Jones D.T. / Roos D. (1990); The machine that Changed the World – The Story of Lean Production; New York: Harper Prennial

Webverzeichnis

American Society for Quality (n.d.a.); Six Sigma Training; <http://www.asq.org/services/training/six-sigma-training.html>; Access: 15.01.2008

Business Coach (n.d.a.); Kaizen and Total Quality Management; <http://www.1000ventures.com/business_guide/mgmt_kaizen_tqc_main.html>; Access: 02.03.2008

EBZ Beratungszentrum (2000); Was ist Kanban?; <http://www.ebzberatungszentrum.de/pps_seiten/KANBAN/KANBAN2.html> ;Access: 02.09.2007

4Managers (n.d.a.); Kaizen; http://www.4managers.de/themen/kaizen.html; Access: 5.12.2007

General Electrics (n.d.a. a); Company Information; <http://www.ge.com/en/company/companyinfo/quality/quality.htm>; Access: 20.09.2007

General Electrics (n.d.a. b); Financial Reporting: Annual Reports; <http://www.ge.com/en/company/investor/annreports.htm>; Access: 23.10.2007

Iltis GmbH (n.d.a.); Kaizen, streben nach kontinuierlicher Verbesserung; <http://www.4managers.de/themen/kaizen/#c1891>; Access: 23.11.2007

K.D.H. & G.M. (n.d.a.); Change Management; < http:// www.fah_i.hs-karlsruhe.de/lab/common/pers/Hudtel/Vorlesung_Februar_06/ChangeManagement%20EFQM%20Schulung.PDF> ; Access:05.01.2008

Ladouceur D.J. (2002); Wondering out Loud; <http://www.nd.edu/~ndmag/w2002-03/wheel.html>; Access: 24.11.2007

Motorola (n.d.a.); Motorola History; <http://www.motorola.com/content.jsp?globalObjectId=7632-10812>; Access: 25.11.2007

Neil P. (2005); Zero Defects; <http://www.managers-net.com/zerodefects.html>; Access: 30.08.2007

Online Lehrbuch (n.d.a); Geschäftsprozesse; <http.//economics.phil.uni_erlangen.de/bwl/lehrbuch/kap3/reeng/reeng.PDF>; Access: 15.11.07

Total Quality Management (n.d.a.); Six Sigma; <http://www.tqm.com/methoden/six-sigma/>; Access: 26.10.2007

Toyota Motor Corporation (n.d.a.); The Toyota Production System; <http://www.toyota.co.jp/en/vision/production_system/>; Access 28.12.2007

Artikel aus Zeitschriften/Zeitungen und dem WorldWideWeb.

Heid T. (2002); Ideenmanagement: Eine gute Idee ist Gold wert; in: Wissensmanagement, das Magazin für Führungskräfte; September/Oktober 2002, n.p.a.; <www.wissensmanagement.net/online/archiv/2002/09_1002/ideenmanagement.shtml>; Access: 12.08.2006

Henkoff R. (1989); What Motorola learns from Japan; in: Fortune Magazine; 1984, n.p.a.;<http://money.cnn.com/magazines/fortune/fortune_archive/1989/04/24/71893/index.html>; Access 09.01.2007

VDI Nachrichten (14.12.2007); Change Management – Das Scheitern von Veränderungsprozessen; Berlin: VDI Verlagshaus

Experten - Interviews

Reiher M. (2006); Telefoninterview bezüglich moderner Qualitätsmanagementmethoden mit Fokus auf 'Kaizen'
Mit langjähriger Erfahrung im Kaizen – Institut, Deutschland. Ausgebildet auch in diversen anderen Qualitätsmethoden, wie z.B. Six Sigma;
Die Durchführung des Interviews fand per Telefon zwischen München und Bad Homburg, am 6. Nov. 2006, statt. Lisa Kehlhaus

Schweiszer S. (2007);); Telefoninterview bezüglich moderner Qualitätsmanagementmethoden mit Fokus auf 'Kaizen';
Angestellter der Merten Management GmbH and Belt Trainer
für Six Sigma in Österreich, ausgezeichnet mit dem Six Sigma Master Black Belt Certificate;
Die Durchführung des Interviews fand per Telefon zwischen Wien und Sandl, am 14.Feb. 2007, statt. Lisa Kehlhaus

Forschungsarbeiten

Balzers S. (2000); Business Reengineering vs. Kontinuierlicher Verbesserungsprozess; Hausarbeit; http://balzers.org/arbeiter/4Semester/infowi/bbprvskvp.PDF; Access: 15.11.07

Deposit (n.d.a.); Kooperationsorientiertes Organisations – Reengineering; Doktorarbeit; http://deposit.dab.de/cgi-bin/dodserv?idn=979780403&dok-var=d1&dok_ex=pdf&filename=979780403.PDF; Access:15.11.07

Nüssel M. (2000); Reorganisation, Business Reengineering, Organisationsentwicklung und Lernende Organisation als Ansätze organisatorischer Gestaltung – Gemeinsamkeiten/Unterschiede/Praxisbeispiele;Hausarbeit; http://www.economics.phil.uni_erlangen.de/bwl/lehrbuch/hst_kap3/org_vlg/org_vguh.PDF; Access: 15.11.07

Springer D. (2002); Qualitätsmanagement; Offenburg: Vorlesungsskript Qualitätswesen

Subhadra K. (2003); Toyota's Kaizen Experience; Hyderabad: ICFAI Center for Management Research

yes

i want morebooks!

Buy your books fast and straightforward online - at one of world's fastest growing online book stores! Free-of-charge shipping and environmentally sound due to Print-on-Demand technologies.

Buy your books online at

www.get-morebooks.com

Kaufen Sie Ihre Bücher schnell und unkompliziert online – auf einer der am schnellsten wachsenden Buchhandelsplattformen weltweit! Versandkostenfrei und dank Print-On-Demand umwelt- und ressourcenschonend produziert.

Bücher schneller online kaufen

www.morebooks.de

VDM Verlagsservicegesellschaft mbH
Dudweiler Landstr. 99
D - 66123 Saarbrücken
Telefon: +49 681 3720 174
Telefax: +49 681 3720 1749
info@vdm-vsg.de
www.vdm-vsg.de

Printed by Books on Demand GmbH, Norderstedt / Germany